Ex libris bibliothecæ Laurentii
Basilii BARBIER Abbatis
Monasterii novi.

5697.

10353

5697.

10353

8° R
19132

L'ART

DE CONNOITRE

LES

FEMMES,

AVEC UNE

DISSERTATION

SUR

L'ADULTERE.

Par le Chevalier PLANTE-AMOUR.

A LA HAYE,

Chez JAQUES VANDEN KIEBOOM,
Libraire dans le Pooten.

M. DCC. XXX.

A

MESSIEURS

Á B.L.M.F.M.J.A.D.B. & J.V.D.

Auteurs & Imprimeur

DES LETTRES SERIEUSES
& BADINES.

ESSIEURS,

Je fuis peut étre le feul qui
ait pû foutenir la lecture de
l'Ouvrage que vous venez de

* 2   pu-

publier. Sur une idée affez
vague qu'on m'en avoit donnée, j'avois refolu de ne le
jamais ouvrir, perfuadé que
la probité ne permet pas à un
homme raifonnable d'em-
ploïer des momens précieux à
lire des Calomnies auffi mal
digerées, que le font celles,
qui, m'avoit-on dit, font le
fujet de cet Ouvrage. J'étois
rempli de ces idées, & , à vous
parler franchemeut, elles me
faifoient horreur, lors qu'une
perfonne de confideration me
dit que j'étois maltraité dans
une de vos Lettres. Surpris
au dernier point, je me cher-
chai dans cette obfcure production. Je la feuilletai d'un
bout

bout à l'autre. Peines inutiles! Je fus donc obligé de la lire; &, non seulement je ne m'y reconnus à aucun trait, mais même; je veux bien vous l'avouër, je n'aurois jamais pû deviner qui sont ceux à qui vous en voulez, si Monsieur votre Libraire n'avoit eû soin de rependre dans le Public, qu'il se vange par ce Libelle, d'un homme à qui on ne peut reprocher que sa sincerité.

Vous jugez bien, Messieurs, que je me repentis sincerement de vous avoir sacrifié quelques heures de mon plus grand loisir. J'enrageois de bon cœur, du mauvais tour que

mon

mon ami m'avoit joüé, & je ne fais, fi dans le tranfport furieux qui m'agitoit, je n'aurois par été homme à lui faire un mauvais parti. J'exerçai d'abord ma colere fur votre livre que je mis en piéces, à l'exemple d'un Seigneur du premier rang de cette ville, & je prononçai faprès lui ces mots Hollandois, fans favoir ce qu'ils fignifioient : *Dit deugt niet, dit deugt niet, maakter peeper huisjes van* *.

Après cette expedition, je fis dépofer les Lambeaux de vos Lettres dans les *lieux fecrets,*

* On m'a affuré que cela vouloit dire en bon François: *Ces Lettres ne valent pas plus que leurs Auteurs. Pour bien faire, il faut donner les Auteurs au D***, & le livre à l'Epicier.*

crets , ou les honnêtes gens
ont donné place à l'ouvrage
entier. Quelques affaires pref-
fantes m'aiant appellé là un
moment après, il me tomba
fous la main un *fragment* du
fecond volume, ou je lûs ce
qui fuit : " je ne vous dirai
„ plus qu'un mot fur un Ro-
„ man que la *Gazette des Sa-*
„ *vans* annonce, & qui doit
„ fervir de feconde partie aux
„ *avantures de Don Antonio*
„ *de Buffalis.* . . . . J'ignore
„ qui eft le Libraire qui s'en
„ chargera. *Neaulme* qui a
„ imprimé la premiere par-
„ tie, ne veut point de la
„ feconde . . . . *Scheurléer*
„ la prendroit bien, pour fai-

,, faire plaisir à quelques uns
,, de ses amis qui s'y interes-
,, sent, mais outre qu'il craint
,, de passer pour debiter des
,, Libelles diffamatoires (en
quoi, pour le dire en passant,
il a la conscience plus delicate, & il marque plus de
probité que V. D * *.) Il
,, croit au dessous de lui,
,, d'imprimer un Ouvrage
,, aussi peu serieux, qu'on
,, lui a dit que celui-ci est.
,, D'ailleurs il s'imagine que
,, ce ne seroit pas un *Livre*
,, *d'or*, c'est à dire qui pût
,, lui apporter un profit con-
,, siderable. Tant d'obstacles
,, me font penser que les Au-
,, teurs s'adresseront à son

sub-

„ fubftitut *van den Kieboom.*
„ S'ils s'en avifent, ce Ro-
„ man figurera on ne peut
„ pas mieux avec le *Prince*
„ *Apprius* qu'il a debité, &
„ avec L'ART DE CONNOÎ-
„ TRE LES FEMMES, qu'il
„ promet au Public, pour
„ fervir de Commentaire
„ aux *Raggionamenti d'Are-*
„ *tino*, & à la *Puttana er-*
„ *rante* de *Venerio*." C'eft,
Meffieurs, ce dernier trait
qui me touche, J'admire
vos Talens! Et, fans dou-
te, ceux qui liront cet
endroit de votre onziéme
Lettre les admireront comme
moi! Rien ne vous arrête,
quand il s'agit de decider du

me-

merite d'un Ouvrage. Il
vous fuffit d'en favoir le titre.
Vous fuppofez enfuite qu'un
de vos Ennemis (car vous en
avez bon nombre, foit dit
par Parenthefe) vous fuppofez, dis-je, qu'un de vos
Ennemis en eft l'Auteur, &
vous concluez de là que ce
fera un tiffu *d'obfcénitez Ita-
liennes.* Encore un coup,
Meffieurs, je vous admire!
Que de belles chofes ne devez-vous pas dire fur les Ouvrages que vous avez entre les
mains! puis que vous vous
mélez de Juger de ceux qui
font encore fous la Preffe, &
dont vous n'avez pas la
moindre Idée. Mais, Bon
Dieu

Dieu! A quoi vous expose un pareil procedé? Ignorez vous cette admirable sentence de Phedre: *Que ceux qui se mêlent de mordre, trouvent enfin des gens qui mordent mieux qu'eux, & que quand quelqu'un nous fait tord nous devons lui rendre la pareille* C'est la loi du Talion:

Nulli nocendum: si quis verò læserit,
mulctandum simili jure - - -

Je vous avouë que cette pensée s'est d'abord offerte à mon Esprit. Et même je ne dissimulerai point que **pour** ne pas porter mon coup à faux, j'ai remué Ciel & Terre, afin de découvrir à qui j'aj'avois affaire. J'ai emprunté les *Lettres ferieufes & badines* dans l'intention de ne les jamais rendre, comme quelques-uns de vous en agiffent pour fe faire une Bibliothe que nombreufe aux dépens de leurs amis. J'ai lû vingt fois la même chofe. Enfin l'avertiffement de votre honnête Libraire, m'en a affez appris pour pouvoir découvrir le refte à l'aide de l'Aftrologie judiciaire que j'entens affez bien, fans vanité. La fcience occulte des nombres m'a été fort utile. J'ai vû du premier coup d'œil que des perfonnes capables de tromper un Jéfuite par leurs

dé-

déguifemens ne pouvoient être
que des *Chevaliers de la Cou-
liffe*, des Gens à Brodequins
& à Cothurnes. Par mes
calculs, j'ai découvert que
voùs étiez nez, ILLUSTRES
AUTEURS, fous le figne du
Capricorne, & que l'influence
maligne de cetteConftellation
vous avoit rendus des *Acteons
modernes*. De là j'ai conclu
tout naturellement qu'il n'appartenoit qu'à vous & à
vos femblables, de faire un
fupplemeut à la *Puttana errante* de *Venerio*. Fondez
fur l'experience, & à l'abri
de vos coëffures à triple éta-
ge, vous pourrez nous revé-
ler là deffus des fecrets dont

vous

vous êtes seuls depositaires. Aussi me suis-je bien gardé d'empièter sur vos Droits à cet égard, dans l'ouvrage que je mets sous votre protection. Vous y trouverez une *Dissertation*, qui pourra peut être vous consoler des disgraces pres qu'inséparables du mariage D'ailleurs, comme je fais voir par tout la foiblesse du Sexe, vous serez moins surpris que vous soyez coëffez de mains de Maîtres. Et consequemmenr, vous serez determinez à supporter cet affront avec plus de grandeur d'Ame. Sur tout j'exhorte celui d'entre vous qui s'est pourvû depuis peu, par

un

un Esprit de mortification, de la *Paillasse* des Capucins de **** de lire attentivement *l'Art de connoître les Femmes*, pour me communiquer ses lumieres sur cet article. s'il s'avise de faire un Commentaire sur mon ouvrage, qu'il ait un soin tout particulier de bien distinguer ses remarques du Texte. A cette condition, je lui promets de profiter de ses avis. Et, pour lui donner une preuve de mon zele, je ferai venir au premier jour de Munick * des Mémoires Anec-

do-

---

* NB. que Munick est en *Baviere.* Cette Remarque est nécessaire pour l'intelligence du texte; outre que Mr. *Bruzen la Martiniere,* ou de *la Martiniére,* mon ami particulier, peut

en

doſes, ſur certaines avantures amoureuſes. J'y joindrai un ſupplement, ſur ſa Meta-morphoſe de Comedien en Auteur. Je ne manquerai point de découvrir à ce ſujet, les moïens qu'il a employez depuis ce tems-la, pour faire *Subſiſter** quantité de *Livres* que

en faire uſage dans ſon fameux *Dictionnaire Geographique & Critique*, dont il publiera inceſſa-ment le ſecond Tome. Cet auteur aime l'ordre, car le 1. & le 3. vol. ſont imprimez depuis long-tems. J'annonce le ſixieme & dernier: le 4. & 5. viendront enſuite.

* J'avouë que je me ſens incapable d'employer, de moi-même, un Expreſſion ſi relévée. Je l'emprunte des Lettres S. & B. j'apprens par là que les Livres ſont de Etres animez, & qu'on peut ſe ſervir élegamment de cette expreſſion : Un tel livre *Subſiſte*, pour dire qu'il eſt imprimé, ou qu'il exiſte. Je voudrois ſeulement que des Puriſtes de cette tournure, ne s'aviſaſſent jamais de reprocher à un Auteur un ſtile Wallon. Car, quelques Eſprits de travers qui n'entendroient pas leurs nobles expreſſions, pourroient fort bien les accabler du même reproche.

que les gens de bon gout difent étre au deſſous du mé-
diocre.

Du reſte, je dois vous avertir qu'un nouveau *Mathana-*
fius, publiera inceſſament un
Commentaire ſur la vignette
du titre de vos Lettres. Cet
homme eſt un vrai ſatyri-
que, à peu près de votre
trempe, Meſſieurs. Rien ne
lui échape. Il a trouvé, par
exemple que cette vignète,
au bas de la quelle on a pros-
ſtitué le nom de *Picart*, vous
repreſente tous au naturel. Il
vous y reconnoît à certains
traits du viſage. De plus: il
ſoutient que l'Auteur du *Mer-*
cure Hiſtorique, & de la
* *
Quin-

Quinteſſence, ne s'eſt jamais mélé de vendre ſes ouvrages, au lieu qu'il eſt certain que c'eſt la profeſſion de votre Libraire. Ainſi, conclut-il, c'eſt V. D * * lui-même, qui, ſous la figure d'un ſinge, eſt monté ſur un Theatre, au devant de ſa maiſon. Mr. Mathanaſius ajoute que ce Libraire vaindicatif a mieux aimé revêtir cette forme, qui lui convient fort bien, que de ne pas gouter le plai-ſir de calomnier. Voyez, Meſſieurs, juſqu'où va la ma-lice de mon Docteur ! il prouve avec beaucoup de ſo-lidité & d'enjouëment que la de-

devife de la vignete: VILIA
DIVENDENS SCRUTA POPEL-
LO, ne peut abfolument convenir qu'à votre honnête Libraire. Car, dit-il, fi ce
Maître *** n'avoit pas imprimé quantité de miferables
rapfodies, qu'on ne trouve
que chez le Peuple, il feroit
encore auffi petit Garçon
qu'il l'étoit il y a dix ans.
Là deffus, il fait un Catalo-
gue de je ne fai combien de
mauvais livres imprimez chez
J. V. D. &, ne vous en
deplaife, Meffieurs, il met
à la tête de cette lifte, vos
Lettres Serieufes & Badines.
Ce n'eft pas tout. Mr. *Ma-*

 tha-

thanafius fait connoître, par
des nombres, les figures qui
font repréfentées au bas du
Theatre de la vignète. Par
exemple, il y fait remarquer
J *** & toute fa famille
d'Angleterre & de Hollande.
L. D. avec fon Epoufe, &
van D. auprez d'elle, fous
fa forme ordinaire. L. M.
& les Amans des fes deux
femmes. B. & fon illuftre
Parentée, ou plutot celle de
fon aimable Epoufe, car pour
la fienne elle reffemble affez,
dit-on, à celle de Milchife-
dec.

Peut être, Meffieurs, fe-
rez-vous furpris que je ne

vous

vous ai pas loué dans le stile
des faiseurs d'Epitres Dedica-
toires. Mais je vous prie de
de n'en accuser que mon
impuissance pour une entre-
prise de cette nature. Le
Champ est trop vaste. Ebloui
de l'eclat qui vous environ-
ne, je ne vois que tenebres,
à peu près comme un hom-
me qui après avoir fixé ses
regards sur le soleil, veut les
porter ailleurs. Du moins,
je m'imagine que c'est cela
qui a empéché jusqu'à present
votre mérite de penetrer jusqu'à moi. *In magnis voluis-
se sat est*, comme l'a fort

bien

bien remarqué † l'eblouiſſant monſieur *Janiçon*. Que ma volonté ſoit donc reputée pour le fait, & qu'on ait pour moi en cette occaſion la même indulgence que pour ce Garçon Bel Eſprit avec lequel je mets ici en parel-lèle quoique par tout ailleurs, je faſſe tous mes efforts pour m'en diſtinguer. C'eſt, Meſ-ſieurs, ce que j'oſe attendre de votre Equité. Soyez per-ſuadez que je ſaiſirai à l'ave-nir toutes le occaſions qui ſe preſenterout, pour vous faire

con-

---

† à la fin de la preface de ſon *Etat preſent des Provinces Unies* Ouvrage qui n'a eu juſqu'à preſent que l'approbation des Auteurs des Let-tres S. & B.

connoître *de la sorte*, combien je vous estime. Je suis, jusqu'à revoir,

MESSIEURS,

A Amsterdam le
6. Octobre 1729.

Votre Très-humble &
très-obéïssant serviteur.

Le Chevalier PLANTE-AMOUR.

PREFACE.

Our être imprimé à la mo-
de, il faut, en depit qu'on
en ait, faire une Preface.
A mon avis pourtant cette
sorte de production est un meuble
assez inutile. De cent Lecteurs,
souvent il n'y en a pas un qui y
fasse la moindre attention. Je voudrois donc que quand le titre explique suffisemment le but d'un livre, on dispensat l'Auteur de rendre compte au Public, de mille
particularitez, qui, pour l'ordinaire n'interessent personne, & qui
le plus souvent sont toutes fausses,
Cependant je me croi obligé, de dire ici quelque chose à ceux qui vou-
dront lire cet ouvrage, ou en faire
l'aquisition.

Le sujet en est interessant: il ne
s'agit de rien moins que de se former

une

une juste idée des femmes. Mais, me defiant de mon stile autant que de mon savoir, quoique j'aie l'experience pour garand de ce que j'ai écrit, à la louange des Femmes vertueuses, j'ai beaucoup emprunté des auteurs qui m'ont precedé : mais pour ne pas m'attirer l'odieux titre de Plagiaire qu'on peut donner legitimement à quantité de r'habilleurs de Livres, qui copient fidellement les ouvrages des autres sans leur en faire honneur, j'ai eu soin de rendre à chacun ce qui lui appartient, & de distinguer mes pensées de celles d'autrui.

Pour me justifier auprès de ceux qui pourroient trouver mauvais que je n'ai pas tout titré de mon propre fonds, je n'ai qu'à leur dire, qu'il est impossible à un Auteur, quelqu'habile qu'on le suppose, de devoiler lui seul toutes les passions des Femmes. Sans compter qu'il y a dans la Bruyere, beaucoup de pensées

sées

fées des anciens. Peut être même qu'avec tous les fecours que j'ai tiré de trois ou quatre bons Auteurs, je n'ai pas réuffi à faire un ouvrage entierement bon.

J'ajoute que quoique j'aye frondé les femmes, fans miféricorde, je n'ai point prétendu les comprendre toutes dans ce que j'en ai dit. Je fai que, graces à Dieu, il y en a encore parmi nuos des femmes qu'on pourroit citer pour des exemples de la plus haute vertu, ou il foit poffible d'atteindre. Je ne crains rien de leur part, perfuadé qu'il n'y aura que celles qui fe reconnoîtront dans cet ouvrage, qui fe plaindront de moi; & il me fuffit de dire à celles qui, par une conduite fage, font audeffus de la critique, ce que Clement Marot difoit aux Dames de Paris:

> On voit affez que vous étes entieres,
> De n'avoir pris à cœur telles matieres.

Auffi

Aussi n'est-il blason, tant soit infame,
Qui sçut changer le bruit d'honnête femme;
Et n'est blason tant soit plein de louanges,
Qui le renom de folle femme change.
On a beau dire, une colombe est noire,
Un Corbeau blanc : pour l'avoit dit, faut croire.
Que la Colombe en rien ne noircira,
Et le Corbeau de rien ne blanchira.

Je dois encore dire un mot sur un point très-delicat. On s'imaginera, sans doute, que j'ai eu quelqu'un en vuë sous les noms empruntez dont je me suis servi, pour peindre les passions d'une maniere plus touchante. Mais je proteste, en honnête homme, que j'ai seulement voulu combattre les vices en general. Ceux qui s'y reconnoîtront ne doivent s'en prendre qu'à eux mêmes, & tâcher de devenir des copies de meilleurs originaux.

Du reste, je ne pretends, point condamner absolument les Passions. Content de repandre un ridicule sur les excès aux quels on les por-

te,

te, je blame, comme tout homme raisonnable doit le faire, la fausse Philosophie des Stoïciens, qui pretendoient élever l'homme au dessus de sa condition mortelle, en le delivrant de toutes ses passions Sisteme orgueilleux qui, s'il avoit reussi, nous eut privé de tous les moiens que nous avons ici bas, pour parvenir à la pratique des vertus Chrétiennes, & morales *. Car, sans les passions, notre ame seroit toujours dans l'indolance. Ce sont elles qui lui donnent le mouvement, & qui la portent ou elle veut aller; ensorte qu'on peut dire hardiment qu'elles sont les semences des vertus, & qu'elles ne deviennent criminelles que par le mauvais usage que nous en faisons.

Voi-

---

* J'appelle vertus Chrétiennes celles que l'Evangile nous oblige de pratiquer, & vertus morales celles que la raison nous prescrit, telles qu'étoient, par exemple, les vertus des Païens.

Voilà tout ce que j'avois à dire : si le Public est assez gracieux pour nous obliger à faire une seconde Edition, il verra que nous aurons profité des avis qu'il aura bien voulu nous donner. Nous nous engageons de plus à donner encore quelques volumes sur la même sujet, si celui-ci est bien reçu.

P. S. Je viens d'apprendre que la Cour de Hollande, à la réquisition du Sr. Henri Scheurleer, a rendu une Interdiction contre le Libraire van Duren pour avoit imprimé een Fameus Libel, savoir les Lettres Serieuses & Badines. Desorte que, sous peine d'encourir l'indignation de la dite Cour de Hollande, le Libraire van Duren est comdamné à ôter de son Libelle, l'avis sur le Carton, & la Vignette. Ce jugement épargne à Mr. Mathanasius la peine du commentaire qu'il preparoit; comme je l'ai dit dans l'Epitre Dedicatoire.

TABLE

TABLE

DES CHAPITRES.

CHAPITRE I.
Idée generale des femmes. P. 1

CHAP. II.
Des Jeunes Demoiselles & de leur Education. 10

CHAP. III.
De l'Amour propre. 20

CHAP. IV.
De l'Etat de vie qu'on choisit. 34

CHAP. V.
De la Religion & de la Devotion des Dames. 44

CHAP. VI.
De l'Amour & des dereglemens dans les quels cette passion jette les femmes. 61

CHAP. VII.
De la continence & de la chasteté. 78.

CHAP.

CHAP. VIII.

Du Mariage,   85.

CHAP. IX.

De l'Esprit & de la science.   98

CHAP. X,

Du Secret.   112

CHAP. XI.

De la beauté & de la parure. Reflexions sur les modes.   120

CHAP. XII.

Du Mensonge.   131

CHAP. XIII.

De la medisance & de la calomnie.   139

CHAP. XIV.

De la Flatterie & de la dissimulation.   147.

CHAP. XV.

De l'amitié & de la haine.   153.

CHAP. XVI.

De l'envie.   162

CHAP. XVII.

De l'avarice & de la prodigalité.   169

CHAP.

xxxii   Table des Chapitres.

C H A P. XVIII.
De l'Orgueil & de l'ostenta-
tion.   177

C H A P. XIX.
De la Colere.   184

PENSE'ES LIBRES sur di-
vers sujets.   194

DISSERTATION sur l'A-
dultere.   283

L'ART

L'ART

De connoître les

FEMMES.

CHAPITRE I.

Idée generale des Femmes.

FAITS comme nous le sommes ; la Femme est un mal qui nous est devenu necessaire. Un maudit penchant nous rend esclaves du beau Sexe. Nous ne paroissons pas plutôt dans le monde que nous éprouvons la verité de ce qu'a dit un de nos Poëtes:

A

Do

De tout tems l'Homme à la Femme est livré,
Et de tout tems la Femme l'est au *Diable*.

Semblables au Papillon, nous tournons quelque tems autour d'une chandèle à laquelle nous allons enfin nous bruler, par une fatalité insurmontable, & dont personne n'est exempt. Et qu'est ce qui nous fait rechercher les Femmes avec tant d'avidité ? Le croiroit on si on n'en avoit l'experience ? Ce n'est autre chose que la petite difference qui se trouve entr'elles & nous *quant au corps*, & même quant à l'esprit. Je ne crois pas qu'on puisse me contester le premier ; pour le second on l'avouera aisément si l'on fait attention que rien ne nous plait tant dans une Femme qu'une grande vivacité, un grand feu dans la conversation. Cet avantage leur vient des agrémens de l'Imagination. „ Rien ne plait tant, dit une d'el„ les, que ces Imaginations vi

ves,

„ ves, delicates, remplies d'idées
„ riantes. Si vous joignez la for-
„ ce à l'agrément, elles dominent,
„ elles forcent l'ame & l'entrainent,
„ car nous cedons plus certaine-
„ ment à l'agrément qu'à la verité.
„ L'imagination eſt la ſource & la
„ gardienne de nos plaiſirs. Ce
„ n'eſt qu'à elle qu'on doit l'a-
„ gréable illuſion des paſſions.
„ Toujours d'intelligence avec le
„ cœur, elle ſait lui fournir toutes
„ les erreurs dont il a beſoin. El-
„ le a droit auſſi ſur le tems: elle
„ ſait rapeller les plaiſirs paſſez,
„ & nous fait jouir par avance de
„ tous ceux que l'avenir nous pro-
„ met . . . . Toute l'ame eſt en el-
„ le, & dès qu'elle ſe refroidit
„ tous les charmes de la vie diſpa-
„ roiſſent.„ Auſſi voit-on les Ruel-
le, des vieilles entierement deſer-
tées, par ce qu'elles n'ont plus cette ſuperiorité de l'eſprit qui vient de

la force de l'imagination, & de la
fenfibilité.

Les Femmes ont du gout, & cela leur tient lieu de raifon, car le
gout étant d'une grande étendue, il
leur fait apercevoir d'une maniere
vive & prompte tout ce qui a raport aux chofes d'agrément, &
rien plus. C'eft là ou brille leur
efprit, c'eft ou fe deploie leur fi-
neffe. Ainfi on fe plait avec elles,
au lieu qu'on s'ennuye mortelle-
ment avec un Philofophe qui ne
s'explique que par Demonftra-
tions & qui veut tout approfondir.
Les Femmes ne tomberont jamais
dans ce defaut. Trop occupées de
la Bagatelle, & de tout ce qui s'appelle *affaires de cœur*, elles n'en-
treprendront pas, felon toutes apparences, de debrouiller une queftion abftraite. Peut être en vien-
droient elles à bout, à en juger du
moins par les refforts qu'elles font
jouer

jouer avec tant d'adreſſe pour faire réuſſir une intrïgue galante, ou en pénetrer le ſecret : mais un peu de reflexion nous convainc que tout leur eſprit eſt borné par l'horizon de l'Amour, & qu'il ne franchit point les bornes de cette ſphere.

L'hiſtoire ne nous apprend point que les Femmes aient fait des hereſies, moins encore qu'elles aient donné dans l'Athéïſme : cependant ſi elles viennent à s'entêter d'un ſentiment de Devotion, ou d'une Opinion de Theologie, on entreprendroit inutilement de leur en faire connoître le foible & l'illuſion : elles ſe tiennent à leurs idées beaucoup plus opiniâtrément qu'un homme. C'eſt ce qu'elles ont de commun avec les ignorans de notre Sexe. Peu accoutumées à la reflexion, à la meditation, elles ne ſaiſiſſent les objets que d'un côté. Si le beau côté ſe préſente à leur eſprit, il leur plait, & bien ſou-

vent elles se figurent les choses
toutes autres qu'elles ne sont en
effet ; elles s'y attachent cependant & n'en veulent plus démor-
dre.

Changer l'ordre des choses,
bouleverser des Etats les plus flo-
rissants, elever des favoris du sein
de la poussiere au sommet des
grandeurs , rendre quelquefois
l'homme le plus malheureux de
tous les Etres, ce sont des Evenemens dont on est redevable à *l'in-
dustrie*, ou plutot aux artifices des
femmes. On pourroit faire des
volumes de tous les maux qu'elles
ont causées depuis la creation du
monde jusqu'à present : mais, sans
toucher cette corde, je me contente de l'aveu de Mezeray qui,
dans la vie de *Henry* IV. dit * que
les intrigues entre les Dames & les
Seigneurs de la Cour, *ont causé les
plus*

* Ad an. 1605.

*plus grands Evenemens à la Cour
de France depuis le regne de
François I.* A propos de ce
Prince, je me souviens d'avoir lû
sur son compte, une particula-
rité assez plaisante, dans les me-
moires de Brantôme qui nous
apprend que le seul Amiral *Bon-
nivet* conseilla à ce Monarque de
passer les Monts, non tant pour
„ le bien & service de son Maî-
„ tre, que pour aller revoir une
„ grande Dame de *Milan* &
„ des plus belles, qu'il avoit fai-
„ te pour Maîtresse quelques an-
„ nées devant & en avoit tiré
„ plaisir, & en vouloit retâ-
„ ter. J'ai ouis dire, continue-
„ t'il, ce conte à une grande
„ Dame de ce tems là; & mê-
„ me qu'il avoit fait cas au Roi
„ de cette Dame (qu'on dit qui
„ s'appelloit *la Signora Clerice*)
„ pour lors estimée des plus bel-
„ les

„ les d'*Italie*, & lui en avoit
„ fait venir l'envie de la voir, &
„ coucher, avec elle ; & voilà
„ la principale caufe de ce paſſa-
„ ge du Roi qui n'eſt à tous
„ connue. Ainſi la moitié du
„ monde ne fait comment l'autre
„ vit, car nous cuidons la choſe
„ d'une façon qui eſt de l'autre.
„ Ainſi Dieu qui fait tout fe mo-
„ que bien de nous. ”

Ce recit nous fait apercevoir
que les Femmes ne font pas
toujours les caufes actives de ces
étonnantes revolutions, aux quelles fouvent elles n'ont d'autre
part que celle d'avoir en partage la beauté & les autres agrémens. En ce cas là le tort eſt
de notre côté. La *ſignora Clerice*, par exemple, n'étant que
caufe paſſive d'une expedition
qui mit la France à deux doigts
de ſa ruine par la priſon de
ſon

son Roi, il y auroit de l'injustice à l'en rendre comptable.

Il ne manque aux Femmes pour reussir bien en toutes choses que de l'application, disent certains auteurs: à la bonne heure, mais elles ne peuvent l'avoir, pour l'essentiel s'entend, c'est-à-dire pour chercher la verité. Elles se plaisent dans l'erreur. Vouloir les detromper, c'est hazarder d'encourir leur disgrace; & alors il n'y a plus de rapel. Rien ne les rend si malheureuses que de cesser de se tromper. Elles se font illusion jusques sur les folles passions ou elles se livrent en faveur des hommes; ensorte qu'il semble que dans leurs plus execrables debauches, les Femmes payent un tribut qu'elles nous doivent.

CHAPITRE II.

Des Jeunes Demoiselles, & de leur Education.

LA Jeunesse est un age plein de douceurs pour les Demoiselles. Elles ne font point comme nous sujettes à des craintes continuelles, ni à des maîtres rigides. A douze ans, & quelquefois plutôt, elles commencent à être maîtresses d'elles-mêmes. Elles entrent dans le monde, à la verité fous les yeux d'une mere, mais qui le plus souvent favorise leur libertinage, au lieu d'en arrêter le cours.

Dans l'Education des jeunes gens, fur tout des jeunes Demoifelfelles , il faudroit toujours avoir cette fage maxime devant les yeux.

> Rien de Parfait ne fort des mains de la nature ;
> L'homme même en naiffant n'eft que vice
> & peché ;
> Ne lui refufez point une prompte *culture* ;
> C'eft un champ qui veut être au plutot *de-*
> *friché.*

Mais on n'y fait guere attention. Les Filles d'un certain rang qu'apprennent-elles de leur mere ? A mettre une Coëffure, ajufter quelques Colifichets, ageancer un ruban, faire la belle bouche, plier le corps en arriere, tenir la tête droite, marcher d'un pas fier, regarder les gens par deffus l'Epaule, affecter un petit air de mignardife, & mille autres momeries femblables. Belle Education ! Elles n'en ont pourtant pas d'autre. Parvenuës à un certain âge, deja dans le monde, elles prennent gout à la lectu-

lecture d'un Roman, ou bien à l'exemple de leur mere, elles font leur tout d'un Commerce de galanterie. Voyez *Dorinthe*, me difoit l'autre jour certain petit Maître : elle fe trouve dans toutes les Societez, elle en fait l'ornement. Qu'elle eft bien élevée ! continuoit-il en faifant mille geftes ridicules ! qu'elle fait bien parler jufte ! qu'elle eft modefte ! Je fus tenté de l'en croire fur fa parole ; mais une heure après m'étant trouvé dans un Cercle que Dorinthe honoroit de fa prefence , je lui entendis dire quantité d'impertinences, & je remarquai beaucoup d'immodeftie dans fa maniere de s'habiller. Je vis à fes cotez la jeune Florinde, qui, par fon extérieur modefte , en impofoit à tout le monde. En fortant, *Alcion* me la vanta comme un modele de vertu ; mais je lui fermai la bouche en l'affurant que j'avois furpris cette belle à

une

une heure induë tête à tête avec
Alexis à qui elle avoit donné ren-
dez-vous par un Efcalier derobé.
Après tout, faut il s'en étonner?
Sa mere voit familierement le Marquis de B * * *. Elle en reçoit
des prefens, & à toute heure il eft
le bien venu dans fa chambre. On
cherche quelque pretexte pour
éloigner *Florinde* de la Converfation, & Madame refte feule avec
fon Amant.

Pour les Bourgeoifes, helas! la
quenouille, l'aiguille, les froides
vifites d'un amant tranfi, & les
tracafferies du menage, font leurs
occupations alternatives. La plû-
part même n'ont jamais appris
l'A. B. C. Deforte qu'il eft très-
vrai de dire que ,, les Femmes d'or-
,, dinaire ne doivent rien à l'art.
,, Pourquoi donc trouver mauvais
,, qu'elles aient un efprit qui ne
,, leur coute rien? On gate toutes
les difpofitions que leur a données

la Nature, on commence par né-
gliger leur Education. On n'occupe leur esprit à rien de folide &
le cœur en profite. „ Nous les
„ deftinons à plaire, & elles ne
„ nous plaifent que par leurs gra-
„ ces ou par leurs vices. Il fem-
„ ble qu'elles ne foient faites que
„ pour être un fpectacle agréable
„ à nos yeux. Elles ne fongent
„ donc qu'à cultiver leurs agré-
„ mens, & fe laiffent aifement en-
„ trainer au penchant de la Natu-
„ re. Elles ne fe refufent pas à
„ des goûts qu'elles ne croient pas
„ avoir reçus de la Nature pour
„ les combattre. Mais ce qu'il y
„ a de fingulier c'eft qu'en les for-
„ mant pour l'amour, nous leur
„ defendons l'ufage de leurs agré-
„ mens, fi vous les voulez aima-
„ bles & fpirituelles (c'eft une
„ Femme qui parle aux Hommes)
„ ne les abandonnez pas quand el-
„ les n'ont que cette forte de me-
„ ri-

„ rité. Mais nous leur deman-
„ dons un melange & un mena-
„ gement de ces Qualitez qu'il eſt
„ difficile d'attraper, & de redui-
„ re à une juſte meſure. " Je ne
ſçais ſi cette illuſtre * Apologiſte
du beau Sexe eſt bien fondée dans
ſes plaintes. Il me ſemble que les
Hommes n'exigent pas tant des
Femmes. Il ſe trouve bien à la verité quelques genies bourrus qui
ſouhaiteroient trouver en elles le
vrai merite, choſe très-rare : mais
eſt ce bien ce que la foule y cherche ? Point du tout. *Philante*, dit-
on, aime *Dorinthe* : il la recherche en mariage. Eſt-il de mauvais
gout ? elle eſt jeune, belle, bien
faite, riche, & qui plus eſt elle
tient le Dez dans toutes les Con-
verſations, ſans faire bâiller ceux
qui l'écoutent : C'eſt aſſez & même plus qu'il n'en faut. *Philante*

ne

---

* Me. Lambert.

ne se doneroit il pas un ridicule dans le monde s'il exigeoit de *Dorinthe* un peu plus de retenuë & de circonspection, puisqu'elle a été élevée sous les yeux d'une mere Coquette? Seroit-il raisonnable d'aller lui faire une chicanne sur son peu de modestie dans les Eglises? tandis qu'elle voit sa Mere à ses côtez jetter sa vue en long & en large pour d'écouvrir son Amant. L'a t'elle aperçu? elle lui fait une inclination, accompagnée d'un souris, & d'une oeillade capable de donner de l'amour aux cœurs les plus insensibles. Pendant tout ce manege, le Ministre préche la modestie : mais, bon! Est ce pour une Dame de son rang? Les préceptes de l'Evangile ne sont que pour les ames vulgaires. Les personnes de Qualité suivent une autre morale. De quel Droit donc, pretendroit-on empêcher *Dorinthe* de suivre un si bel exemple?

ple? Vraiement, ignore-t'elle les prerogatives de ſa naiſſance juſqu'au point de ſe confondre avec le Peuple, quand elle eſt dans la maiſon de Dieu? Son Caroſſe, ſa Livrée, ſon Equipage ne ſerviroient-ils qu'à la faire diſtinguer dans les Rues?

La Comedie, dit *Dorinthe* en converſation, m'a beaucoup plû aujourd'hui. Les Acteurs ont bien repreſenté. Mais l'Opera! qu'en dites-vous? Il a été pitoïable. Bon Dieu! que je m'y ſuis ennuyée! *Dorinthe* ne s'aperçoit pas que par des diſcours de cette nature, elle ennuye les gens de bon ſens. Il eſt vrai auſſi que c'eſt par là qu'elle brille, & qu'elle ſe fait admirer des ſots.

* *Clelie* fait profeſſion publique de pieté. Sa parure eſt ſimple, ſon Equipage eſt modeſte: ſa table eſt frugale; ſa maiſon eſt reglée, &

ſes

* V. Les hommes Ch. IV.

B

ſes Domeſtiques y vivent dans une parfaite union. Toutes les Familles malheureuſes lui ſont deja connuës, elle les viſite, elle va les conſoler : l'horreur des Priſons & des Cachots ne la rebutent point ; elle a ſes jours deſtinez pour s'y rendre, elle s'y rend ſans y manquer. Regardée comme la mere des Pauvres, ſes Antichambres en ſont pleines. On n'oſe l'aller voir ; on craint toujours de la detourner d'une oeuvre de charité. Ses Guides dans la pieté ont preſque ſeuls le Droit d'entrer chez elle, & de l'entretenir ſans l'ennuyer. Le croiroit-on ? Deja elle poſſede à fonds le langage de la ſpiritualité ; les progrez qu'elle y a faits ſont ſurprenants. Qui que ce ſoit ne parle ſi dignement de la vertu, & ne condamne le vice avec plus de force & d'éloquence. Irremiſſible d'ailleurs ſur tout ce qui peut bleſſer une oreille ſcru-

pu-

puleufe une parole tant foit peu
hazardée la fait frémir ; & peu
s'en faut qu'elle ne regarde la gaye-
té même comme un crime. Clelie
enfin eft l'exemple de toute la ville, le modele que tous les maris
pieux propofent à. leurs Epoufes.
Quel changement! fans doute, il
feroit honneur à *Clelie*, il feroit
triompher la Religion du defordre
public ; mais les filles de *Clelie*
chargées de fes depouilles les plus
mondaines, elevées par elle-même
dans la vanité, dans l'inaction,
dans le gout du jeu & des fpecta-
cles, n'apprennent-elles pas ces filles que les vertus de la mere ne
font que des vertus d'un certain âge;
& que l'unique but ou elle tend
par la Reforme, c'eft à faire d'une
nouvelle façon quelque bruit dans
le monde.

CHAPITRE III.

De l'Amour Propre.

L'Amour propre eſt une paſſion, ou, le dirai-je, un vice qui nous rend aimables à nous mêmes & haïſſables à tout le monde, du moins à tout le monde qui penſe juſte. Cependant les Femmes ſe ſont ſi bien familiariſées avec l'amour propre qu'elles ſemblent avoir le Droit de s'en faire accroire ſur leur merite pretendu Les unes ſe preferent à tout leur Sexe par leur naiſſance, ou leurs richeſſes, les autres par la fineſſe de leur taille, ou par l'eclat de leur tein. Les Laides mêmes s'imaginent effacer les diſgraces de la nature par des agrémens af-

affectés qui les rendent ridicules,
& quoique nous regardions les
Femmes comme fort au deſſous
de nous, la vanité qui eſt leur
caractere diſtinctif, fait qu'elles
ſe preferent à tous les hommes du
monde. Laiſſons leur la ſatisfaction
de s'applaudir en ſecret.

Croiroit-on que la plupart dés
Femmes, ſi occupées d'elles-memes,
fuſſent ſi peu jalouſes, de leur reputation, le croiroit on, dis-je, ſi on
n'en voyoit tous les jours des
exemples criants. Il y en a quelques unes, je l'avoue, qui crai-
gnent moins de rougir à leurs propres yeux, que de ſe rendre mepri-
ſables aux yeux des autres. Ainſi,
quand elles peuvent donner carrie-
re à leurs paſſions, ſans s'expoſer à
la critique, elles donnent tête baiſ-
ſée dans les plus affreux deſordres. ,, Ordinairement les perſon-
,, nes de ce Caractere perdent tout
,, en perdant l'innocence, & quand

 leur

„ leur gloire est une fois immolée,
„ elles ne ménagent plus rien.„ A
dieux alors l'amour propre. On ne
suit plus les impreſſions de cette
paſſion ſi delicate, & pour ainſi dire imperceptible, à ceux qu'elle
domine,& qui ſe gliſſe aiſément dans
tous les états, & dans toutes nos
actions, deſorte qu'il pourroit bien
y avoir de l'amour propre dans les
plus grands excès des femmes. Je
dis que cela pourroit etre, mais je
ne voudrois pas m'en rendre garand; j'oſe dire avec plus de confiance qu'il accompagne la vertu la
plus épurée. *Angelique* vit dans la
retraite, ſa modeſtie en toutes choſes eſt preſque ſans exemple. Son
aſſiduité aux trois Sermons du Di-
manche, & ſon gout pour les bonnes lectures, ſur tout de l'Ecriture
Sainte, ſont des choſes admirables.
O! qu'*Angelique* ſeroit agreable à
Dieu, ſi en rempliſſant ſes Devoirs
avec tant d'exactitude, elle etoit
indiſe

indifferente fur le peu d'attention qu'on y fait. Mais helas! fon Amour propre gâte toutes fes pratiques les plus faintes, aux yeux d'un être qui, fans s'embarraffer beaucoup de l'exterieur, veut avoir nôtre cœur, & qui demande que nous l'aimions, & le fervions pour l'amour de lui-même. Comment dont pouroit-on lui plaire, en accompliffant fes préceptes, autant que notre foibleffe, aidée de la grace nous en rend capables, en les accompliffant, dis-je, pour etre eftimé du monde?

J'avoue que le fentiment qui court après l'eftime des hommes eft louable, & que la crainte d'en etre meprifé eft fi utile, que c'eft peut etre à elle feule que nous devons toutes les vertus des Femmes. ,, Il ,, faut leur rendre cette juftice, ,, dit *Mr. Bayle*, qu'il y en a un ,, grand nombre qui s'abftien- ,, nent de l'impudicité; mais ce

„ n'eſt pas qu'elles aient naturelle-
„ ment un plus grand fonds de
„ ſainteté que les hommes, ou
„ que l'amour qu'elles ont pour
„ Dieu leur donne plus de force
„ pour reſiſter à la tentation. Qu'eſt
„ ce donc ? c'eſt qu'elles ſont re-
„ tenuës par la dure loi de l'hon-
„ neur, qui les expoſe à l'infamie,
„ quand elles ſuccombent au pen-
„ chant de la Nature. Il eſt certain
„ que ſi les hommes n'euſſent
„ point attaché l'honneur des
„ Femmes à la chaſteté, les Fem-
„ mes ſeroient auſſi generalement
„ plongées dans les pechez de la
„ Chair que les hommes; & il y
„ a même beaucoup d'apparence
„ qu'elles s'y porteroient avec
„ plus d'ardeur, parce qu'il eſt
„ fort apparent que cette paſſion
„ eſt plus violente dans les Fem-
„ mes, que dans les hommes. „
Qu'on craigne le monde, qu'on
evite de lui donner du ſcandale, à

la

la bonne heure : mais si Angelique
étoit veritablement Femme vertueuse, elle seroit encore plus at-
tentive à sa conscience, & elle
chercheroit en premier lieu à s'édi-
fier elle-même. Je la regarde avec
mepris, je ne fais aucun cas de sa vertu, par ce qu'elle s'en sert pour fixer toutes les attentions sur elle,
& qu'elle se croit etre le centre de
l'admiration publique. Mais quoi!
puis-je raisonnablement la mepriser
pour une foiblesse inseparable de la
nature humaine? Qui ne sait que
l'Amour propre est logé dans les
Cabanes des Bergers, comme dans
les Palais des Rois? Tous, depuis
le plus petit jusqu'au plus grand,
sont entinchés de cette maudite
passion : he! ne donnerons nous
rien aux privileges du beau Sexe
qui semble se l'être appropriée.
Mais pensé-je bien à ce que je dis?
Pourrois je, sans crime, applaudir
à Angelique, que son amour pro-

                         pre

pre occupe ſi fort d'elle-même qu'il ne lui laiſſe que du degout pour tous les autres.

Une preuve que l'amour propre eſt le mobile de toute la conduite d'*Angelique*, & le Pivot ſur lequel tourne ſon exterieur devot, c'eſt que, contre l'ordinaire de ſon Sexe, elle parle peu. On remarque dans ſes diſcours un certain air gêné qui nous laiſſe apercevoir qu'elle ne dit pas tout ce qu'elle penſe. C'eſt une maxime utile à l'amour propre *de ſavoir ſe taire*;
„ Car, dit un excellentiſſime Au-
„ teur*, ſoit que le mouvement irre-
„ gulier des eſprits bouleverſe dans
„ l'ame l'arrangement des idées, ſoit
„ qu'elle ſoit en butte par la natu-
„ re de ſon être à toutes les ex-
„ travagances qui l'agitent, quel-
„ les folles penſées n'occupent pas
dans

* L'Abbé de Varenes dans ſon ouvrage intitulé: *les hommes.*

„ dans l'interieur les gens qui nous
„ paroiſſent les plus ſenſés. Re-
„ ver tout haut, rever tout bas,
„ fait preſque toute la difference
„ des eſprits. Les ſages s'amuſent
„ en ſecret de leur folie; les fous
„ ne peuvent cacher la leur. „ Ce
qui veut dire en bon françois que
pour attaquer l'amour propre, il
faut en avoir une bonne doſe. *De
vives cenſures,* dit certain auteur,
*& une critique continuelle cachent
un amour propre très-delicat.* Ainſi je me vois contraint d'avouer
que tous nos principes ſont corrompus, & que les plus honnêtes
gens ſont les Dupes de leur Orgueil. Un petit grain de cette paſſion a fait la plupart des Martires &
des Apoſtats, & elle eſt encore aujourd'hui l'ame de la charité.
Croyez-vous que *Clorinde* ſeroit
ſi exacte à mettre ſon offrande au
Tronc en ſortant de l'Egliſe ſi elle
ſçavoit que ceux qui la ſuivent n'y
font

font pas attention? Croyez vous
que Veſtalie fit tant de bien au
jeune Philemon qu'elle a tiré du
ſein de la miſere, & qu'elle traite
comme ſon fils, ſi elle ſçavoit d'en
être payée d'ingratitude? Elle n'eſt
pas inſenſible ſur ce point. La re-
connoiſſance qu'elle en attend,
flatte par avance ſon amour propre. Sa vertu n'eſt pas eſtimable.
,, C'eſt un compoſé de peu de bon,
,, & de beaucoup de mauvais, d'a-
,, mour propre, de vaine gloire &
,, d'interêt. C'eſt un melange de
,, terre, ou l'on voit reluire cinq
,, ou ſix grains d'or: c'eſt une chi-
,, mere. Selon les hommes, c'eſt
,, l'art de paſſer pour parfait, c'eſt
,, une eſpece de Déïfication de
,, ſoi-même: ſelon Dieu, ce n'eſt
,, rien.

Du moins, me dira-t'on, vous
ne pouvez nier que la vertu de
Philippile ſoit ſolide. Depuis la
mort de ſon mari, elle a quitté le

mon-

monde, elle fuit les compagnies, elle ne s'occupe que de la priere, elle meprile les Richeſſes juſqu'à diſtribuer tous les biens aux Pauvres, n'aiant point d'Enfans à qui les laiſſer. Elle entretient *ſecretement* telles & telles Familles qui, ſans ſes liberalitez mourroient de faim. Bon ! *Philippile* va à la gloire par la pauvreté. Ce chemin étant peu frayé, il eſt bien plus difficile à tenir que celui qu'on ſuit d'ordinaire, & les difficultez qu'elle y trouve flattent d'avantage ſon amour propre. Voyez comme elle ſe plaint depuis qu'elle a la fievre. On l'abandonne, dit elle ; on ſemble la fuir, on la laiſſe ſeule dans ſon lit. Cet etat a-t'il quelque choſe de plus affreux, & de plus inſuportable que la miſere ou elle ſe reduit par ſes aumônes ? car on ne peut nier qu'elle n'en faſſe de tout à fait extraordinaires. D'ou viennent donc ſes larmes & ſes ſoufoupirs ? c'eſt que la ſolitude ou elle ſe trouve depuis ſa maladie, lui fait apercevoir qu'on ne la plaint guere. Mais, admirez ſa biſarrerie ! Ceux qui, comme moi, veulent lui temoigner la part qu'ils prennent à ſes maux, les renouvellent, & les augmentent. Elle croit alors qu'on la ſoupçonne de ne pas ſouffrir avec conſtance, ce qui eſt effectivement vrai. C'eſt pourtant l'amour propre qui produit des effets ſi contraires. Quel parti prendre avec *Philippile* ? Mais le mal eſt qu'il y a quantité de femmes de ſon Caractere.

Alexia ſe moque du *quand dira-t'on* : elle avance à grands pas dans la vertu malgré la critique : elle eſt inſenſible aux traits les plus piquants de la mediſance & de la Calomnie. Elle ſait qu'on taxe ſa Devotion de Bigotterie, mais elle mepriſe ceux qui en parlent ainſi, & ſe contente de gemir en ſecret

du

du tord qu'ils se font à eux mêmes.
Abus! je me trouvai dernierement
chez Alexia, ou un petit trait la-
ché par megarde contre sa conduite, la reveilla de cette Letargie,
si animée qu'elle m'interdisit sa
maison. Vantez moi après cela
l'insensibilité de cette Devote!
Ceux qui ne savent pas ses allures,
qui ignorent, sur son compte,
mille anecdotes dont je suis bien
instruit, lui font plus de plaisir que
de chagrin en l'attaquant sur la devotion. Elle a le plaisir de les ta-
xer de Libertinage, & celui de
croire qu'on est trompé par les apparences exterieures d'une feinte
pieté.

Mais pour donner aux femmes
un remede contre leur amour propre, il ne faut que les rapeller à
leur premiere origine, & les faire
souvenir que cette passion favorite
peut être la source de toutes les
vertus, lorsqu'elle ne les engagera
qu'à

se procurer les veritables biens, &
à s'aimer assez pour ne trouver
rien de dignes d'elles que Dieu
seul. Alors tous leurs Dereglemens
s'evanouiront, & elles n'aimeront
jusqu'en elles mêmes que leur indifference pour tout le reste.

Elles doivent encore apprendre
à estimer les choses, selon leur
véritable merite, & pour cela, il
faut, selon Mᶜ: Lambert, distinguer les Qualitez estimables & les
agréables. Elles ne peuvent se flatter, generalement parlant, d'avoir
les premieres, qui sont réelles &
intrinseques aux choses, & par les
loix de la justice, ont un Droit naturel sur notre estime. Pour les
qualitez agreables, nous ne leur
en disputons point la possession.
Hé! plut à Dieu qne nous pussions
le faire! Mais, elles ne sont que
superficielles. Elles se doivent à la
disposition de leurs organes, &
à la force de leur imagination.
　　　　　　　　　　　　　　Cela

„ Cela eſt ſi vrai, ajoute Mᵉ.
„ Lambert, qu'un même objet ne
„ fait pas les mêmes impreſſions
„ ſur tous les hommes, & que
„ ſouvent nos ſentimens changent,
„ ſans qu'il y ait rien de changé
„ dans l'objet. „

 CHA-

CHAPITRE IV.

De l'Etat de vie qu'on choisit.

LEs Demoiselles, parmi nous, n'ont pas à choisir pour embrasser un Etat. Il faut nécessairement qu'elles soient dans le monde, qu'elles y vivent, qu'elles y jouent un Rôle à leur maniere. Mais, parmi les Catholiques-Romains, appellez vulgairement *Papistes* le mariage & le Couvent sont les deux partis qui s'offrent à leur choix, ou pour parler plus juste, à celui de leurs Parens. Quoique tout le succès qu'on en doit attendre depende moins des Evenemens que de certaines dispositions, de certain gout, de certain penchant naturel, on ne les consulte guere là dessus. * Les Peres

res

* V. *Les hommes,* Ch. V.

res & meres reglent le sort de leur famille, précisement sur le nombre de leurs enfans, sur le plus ou le moins de bien qu'ils ont, & presque toujours sur la vanité qu'ils ont de les elever au dessus de leur Etat; ou souvent, sans que les enfans y entrent pour autre chose que d'être les victimes malheureuses qu'on sacrifie à la bizarrerie d'une injuste prédilection. *Agenor* a un fils qui promet beaucoup. Il a de la vivacité ; il peut faire fortune dans le monde. Mais il a une fille qui emportera une grande partie de son bien. Triste objet! On ne voit Aminthe dans la maison de son Pere qu'avec indignation. Elle est maltraitée par sa mere & par son frere. On refuse la Porte à de riches Partis qui la recherchent en mariage. Son inclination la porte à gouter les douceurs de cet Etat, au risque d'en essuyer les amertumes. Mais si on la marie, tout

 exa-

examiné, on fera obligé de lui donner vingt mille francs : c'eſt autant
de rogné ſur la portion de ſon frere. Patience, dit en ſoi même *Agenor* : il y a remede à tout. Faiſons
la Religieuſe. Cet expedient n'eſt
pas plutôt imaginé qu'on s'empreſ-
ſe de l'executer. Mais quelles en
ſont les ſuites? „ La jeune Aminte,
„ dit l'Abbé de V * * * auſſi con-
„ nue par ſa ſageſſe que par ſa
„ beauté, d'un eſprit vif & ſolide;
„ s'appliquant avec ardeur à la Lec-
„ ture, & s'inſtruiſant avec beau-
„ coup de fruit, habile à s'en ſer-
„ vir, heureuſe dans ſes produc-
„ tions, polie dans ſes diſcours,
„ modeſte dans ſes manieres, ju-
„ dicieuſe dans le choix de ſes oc-
„ cupations, connoiſſant ſes de-
„ voirs, les rempliſſant avec exac-
„ titude; fuiant avec une ſage pré-
„ caution le monde ſans le haïr,
„ toujours tranquille, honnorée
„ enfin, reſpectée, aimée de tous

ceux

„ ceux qui la connoiſſoient ; la
„ jeune Aminte, dis je, revêtuë
„ depuis trois ans de l'habit de
„ Vierge eſt le ſcandale de ſa mai-
„ ſon par ſon horreur pour ſes de-
„ voirs, par l'irregularité de ſa
„ corduite, par le chagrin qui la
„ conſume dans ſa retraite. Quel-
„ le deſtinée! & qui pourroit s'i-
„ maginer qu'on n'a ſongé qu'à la
„ rendre heureuſe quand on l'a
„ malgré elle renfermée dans un
„ Cloître. „

„ Que peut-on eſperer ſur le ſa-
„ lut de deux péres dont l'un en-
„ leve à Dieu un Miniſtre digne
„ de ſes Autels pour n'en faire
„ qu'un Guerrier très-mediocre, &
„ l'autre qui prive le monde d'une
„ femme d'un grand merite, pour
„ n'en faire qu'une Religieuſe ſans
„ vertu". *Cephiſe* ennuyée du Celibat pour lequel elle n'etoit pas
née, eſcalade à minuit la muraille
du jardin, & ſuit ſon Amant dans

Païs étrangers où, elle fait valloir les droits de la conscience pour jus-tifier sa fuite.

Amalisse, non moins meritante qu'Aminthe, & qui avoit eu le même sort qu'elle, met le feu à son Couvent, en sort à la faveur du desordre, se jette entre les bras de Philemon qui se proposoit de la mener je ne sai où; mais aiant été reconnus & arretez sur les terres de France, ils on fait une fin digne de leurs crimes. Ce sont là des avantures d'à tous les jours. Plus d'une Aminte, & plus d'une Ama-lisse se reconnoîtront dans ces Por-traits.

Il ne faut pas s'imaginer que toutes les Religieuses le soient par le choix de leurs Parens. Souvent elles ne peuvent s'en prendre qu'à leur propre caprice, ou à une in-dignation orgueilleuse qui les per-suade qu'il n'y a point d'hommes dignes d'elles, tant elles présument

de

de leur petit mérite. Le desespoir
est quelquefois de la partie. Une
ainée a vû marier la Cadette avant
elle; cela seul l'a determinée à s'ensevelir dans un Cloître. Une Vo-
cation de cette nature n'a-t'elle pas
bien du merite devant Dieu? J'a-
voüe qu'Elvire s'est jettée dans un
Couvent, sans que rien ait pû l'en
empêcher, par un tout autre principe. Ni la chair, ni le sang n'ont
eu part à ce choix; je ne soupçon-
ne pas même que l'amour propre
y soit entré pour quelque chose.
Uniquement occupée, avant la retraite, des devoirs d'une fille vertueuse. sous les yeux d'une mere
Chrétienne, elle s'etoit défendu
l'usage des commoditez les plus
innocentes; mais peu content de
ce sacrifice, bien qu'il ait dû lui
couter beaucoup, elle s'est condamnée à une penitence des plus
rigides qui soit dans l'Etat Monas-
tique. *Elvire* est le seul exemple

puiſſe me perſuader que ſon Sexe eſt capable de renoncer aux commoditez de la vie.

J'ai dit, au commencement de ce Chapitre que les filles, parmi les Reformez, n'avoient d'autre parti à prendre que le mariage ; mais croyez vous qu'on ne trouve pas encore le ſecret de forcer leurs inclinations ? Les Peres & meres tiennent à peu près la même conduite à cet egard que s'il ne s'agiſſoit que d'une affaire d'un jour. On peſe le merite des Amants au poids de leurs richeſſes. Quatre ou cinq mille livres plus ou moins, font pencher la balance : jugez en par cette hiſtoire : *Philis* avoit deux Amants qui la recherchoient ſerieuſement en mariage. L'un étoit un jeune homme de bonne Famille, bien fait, bien elevé & poſſedant toutes les belles qualitez du corps & de l'eſprit : mais il avoit peu de bien. L'autre étoit groſſier

dans

dans toutes ſes manieres, toujours mal propre dans ſes habillemens, ſans education, ſans eſprit, connu de toute la ville pour un brutal fieſé : d'ailleurs c'etoit un jeune homme ſort laborieux, & par deſſus tout qui avoit le double plus de bien que ſon Rival. Il obtint *Philis* à la premiere demande qu'il en fit. Elle ſe flattoit depuis longtems de la douce eſperance d'offrir un jour à l'Himen, entre les bras d'un Epoux, l'agréable ſacrifice de ſa virginité. Mais dez qu'elle apprit que Florimond lui étoit deſtiné, elle devint inſenſible ſur ce point. Tous les beaux ſentimens qui l'avoient occupée depuis l'age de 15. ans juſques là, s'evanouirent en un moment. Son cœur ſi tendre auparavant, fut metamorphoſé tout à coup en un Rocher. Cependant il fallut obéïr, & en moins d'un mois, elle fut remiſe au pouvoir de ſon nouveau mari. *Clitandre,*

c'etoit le nom de l'autre pretendant,
ne parut point mortifié du mepris
qu'on faisoit de lui, bienque dans
le fonds il y fut très sensible, &
qu'il pestât de bon cœur contre la
Fortune qui sembloit l'avoir oublié
dans la distribution de ses graces:
je ne doute pas même que convaincu de son propre merite, il né
repetat souvent :

En amour comme dans le jeu,
Rien n'est certain, rien n'est solide;
Et le merite sert bien peu
Ou sans ordre & sans choix la Fortune preside:
Du plus aimable & du plus amoureux,
Du plus adroit & du plus genereux,
Souvent le malheur est extrême;
Et souvent sans y penser même
Le plus sot est le plus heureux.

Jusques là, il auroit eu raison
de le dire mais enfin le bonheur
lui en voulut au point que son aimable maîtresse, le jour même de
sa nôce, lui accorda les dernieres
faveurs. Je ne raporterai point de
quel-

quelle maniere la chofe arriva.
Qu'on imagine une avanture toute
des plus extraordinaires, & peut
être ne réuffira-t'on pas encore à fe
faire une idée jufte de celle qui pro-
cura le bonheur de nos deux amans.
Il me fuffit de dire que cette premiere entrevue leur aiant fi bien
réuffie, *Philis* continue à fe dé-
dommager avec *Clitandre* des chagrins que lui caufe la mauvaife humeur de fon Époux. Il y a fix ou
fept ans que ce petit manege dure,
fans que Florimond s'en foit encore
aperçu. Je demande *fur qui retom-
be le crime de* Philis, *& à qui
croit-on que Dieu en demandera
compte?* Elle eft coupable d'Adultere, j'en conviens : mais pourquoi l'a-t'on unie pour toujours,
contre fon gré, avec un homme
qui paroit plutot né pour paffer fa
vie dans les bois avec des Bêtes fe-
roces, qu'avec des perfonnes rai-
fonnables?

CHA-

CHAPITRE V.

De la Religion & de la Devotion des Femmes.

L'Impieté, je l'ai deja dis, n'eſt point le vice des Femmes. Elles ont beaucoup plus de Religion que les hommes, il faut leur rendre cette juſtice. Mais il me ſemble que toutes les Femmes devroient être de la Religion Romaine: elles eviteroient les fraix d'un examen long & ennuyeux dont elles ne ſont guere capables. Elles pourroient alors, ſans ſcrupulé, ſuivre, comme elles font toutes, la Religion de leur mere. Une foi vague eſt leur fait: mais pour croire certains articles preferablement à d'autres, pour ſe convaincre de la verité d'un ſiſteme de Theologie,

gie, il faut lire, examiner, peſer les raiſons des deux partis: il leur en couteroit trop de ſoins & de peines. On a bien plutôt fait de croire tout ce que l'Egliſe croit, ſuppoſant qu'elle a toujours raiſon, quoi qu'elle enſeigne blanc & noir. Charmante Religion! ſi l'on va au Ciel par ce chemin-là, c'eſt bien le plus facile & le plus court.

Nos Dames Reformées ne s'embarraſſent guere plus d'examiner leur Religion que ſi elles étoient Catoliques. Cependant elles ſont exterieurement ſi perſuadées de ſa verité, qu'on voit en toutes occaſions éclater leur Zele pour la converſion des Papiſtes: on voit qu'elles ſont fort empreſſées à procurer quelque bien être à un maraud de Moine defroqué, fort aſſiduës aux exercices de picté. Mais auſſi on n'ignore pas que leur immodeſtie dans les Temples, & les dereglemens où la plupart des Femmes

se livrent, font fremir les honnêtes gens & meritent une vive cen-
sure.

A voir l'air dont nos Dames vont
entendre prêcher la parole de Dieu,
leur contenance quand elles sont
dans l'Eglise, ne semble-t'il pas
que la Religion est devenuë une
mode, & qu'on va au sermon parce qu'on s'en est fait une espece
d'habitude?

Belise a, dit-elle, un grand mal
de gorge, une migraine, ou tout
ce qu'il vous plaira: mais n'allez
pas lui supposer une maladie qui
l'oblige à tenir le lit, ou du moins
à garder la chambre. Elle y demeure pour tant six semaines sans
en sortir. Elle jouë, elle reçoit
des visites. On ne la voit point à
l'Eglise: elle en accuse avec aigreur
la petite indisposition dont elle se
plaint. Elle paroit enfin sur l'hori-
son, & je comprens en la revoyant
qu'elle a voulu donner le tems à sa
Cou-

Couturiere de lui faire un habit de Brocard, ou reprendre son embonpoint, ou bien enfin attendre que Mr. * * prêchat. Je suis presque assuré que ce dernier motif à le plus contribué à sa retraite , quoique peut être les deux autres y aient aussi eu quelque part. Les Pasteurs , qui prêchent la parole de Dieu tout simplement , qui n'ont pas en Chaire ce bel air qui fait admirer le Predicateur à la mode, ne sont pas courus. Qu'iroit on faire à l'Eglise pour entendre ces Ministres qui ne savent point orner leurs, discours d'expressions empoulées, ni arrondir leurs periodes. „ Au-
„ trefois & du tems des Apôtres,
„ dit un Auteur, on se contentoit
„ d'ecouter la verité nuë, seche &
„ sans apparence : elle etoit bien
„ reçue de quelque part qu'elle
„ vint, & c'etoit toujours la veri-
„ té. A present on ne peut plus se
„ sauver d'une maniere si basse,

dirai-

„ je, & si vulgaire. La mode est
„ venuë d'ecouter un jeune Ora-
„ teur, bien fait, dont les gestes
„ sout aisés, la voix touchante &
„ delicate, qui crie & crie avec
„ art, qui parle & parle avec
„ Esprit, qui prononce des perio-
„ des bien arrondies, d'une ca-
„ dence admirable, & dont l'oreil-
„ le est ravie. Il finit trop tôt son
„ discours, cet excellent Orateur.
„ Avec qu'elle avidité ne faisissoit-
„ on pas ses raisons? Si l'on doit
„ se plaindre, c'est que ni lui, ni
„ ses Auditeurs n'ont pas trouvé la
„ verité, mais ils ne la cher-
„ choient pas. Il étoit venu ex-
„ poser au Public sa taille & sa
„ bonne mine, ses gestes & ses
„ manieres delicates, son esprit.
„ Eux de leur coté n'avoient eu
„ dessein que de voir un homme
„ beau, bien fait, dont la voix
„ fut nette, & la parole agréable;
„ les voilà contents les uns des

autres

„ autres. „ *Belife*, furtout qui, à coup fur , n'y étoit point venuë par d'autres motifs, s'en retourne très fatisfaite , après avoir pris le divertiffement de la devotion.

Croyez vous que *Lifimie* ait des fentimens plus fcrupuleux, plus épurez fur les pratiques de la Religion, que *Belife*? Point du tout. Elle eft un peu plus affiduë à l'Eglife, mais auffi elle s'y rend pour cenfurer & pour médire, comme *Cloris* n'y vient que pour voir & être vuë. Ou trouveroit-on une jeune fille, ou une jeune femme, je dis-même de celles qui font les plus affiduës aux temples, qui y vienne dans le deffein de s'aquiter d'un devoir que Dieu impofe à tous ceux qui font profeffion de croire en lui ? Car, qui dit une *Devote*, ne dit pas toujours une perfonne qui a de la Devotion. Ce font deux chofes très-differentes :

 elles

elles font même oppofées dans le langage vulgaire. Une Devote c'eft une femme bizarre, chagrine, qui fe fcandalife des actions des autres, qui choque tout le monde, & que tout le monde craint & meprife. „ Etre exact à fe montrer „ dans les lieux deftinez à la pieté, „ y prier toujours, & fort haut; „ juger mal de la probité des affif- „ tants, s'y admirer & s'enfler, „ c'eft là ce qu'on appelle devenir „ Devot. Avoir de la Devotion, „ c'eft être paifible, doux affable, „ & Religieux en même tems; „ c'eft cenfurer le vice fans colere, „ c'eft elever la vertu fans paffion, „ fervir Dieu fans exterieur, le „ prier fans bruit, frequenter les „ Eglifes, comme fans deffein, „ être pieux fans en avoir le Re- „ nom. C'eft menager fes Remon- „ trances, les referver pour de „ bonnes occafions, & ne pas ex- „ pofer temerairement la vertu.

C'eft

„ C'eft fupporter les hommes,
„ fouffrir leurs actions, fe reduire
„ au gout ordinaire, s'il eft bon;
„ l'abandonner, fans le donner à
„ connoître, s'il eft corrom-
„ pu . . . . . . Une Devote fait
„ meprifer la Religion, une Fem-
„ me pieufe la fait craindre & ad-
„ mirer. L'exterieur en eft farou-
„ che & trompeur, à en juger par
„ la premiere; il eft grand, aima-
„ ble, & honnête à en juger par la
„ feconde. „

La Devotion qui regne aujour-
d'hui, & l'hypocrifie, ou fi vous
voulez la Bigotterie font à peu près
la même chofe. Les Efprits bor-
nés & incapables d'une ferieufe application pour la recherche de la
verité, y font très-fujets. C'eft
par cette raifon qu'elle eft bien
plus generale parmi les femmes,
que parmi les hommes. Elle eft
bien fouvent l'effet du temperemment. L'Amour propre l'enfante

aussi quelquefois. En un mot la Bigotterie nous porte, dit un Auteur *Anglois*, à des passions furieuses sur les sujets les moins interessants. Ainsi nous ne pouvons la regarder, suivant cette idée, que comme un vice qui nous rend Ennemis jurés de toute contradiction. Une fausse Devote ne pardonne jamais, & regarde comme ses Ennemis mortels ceux qui voudroient la detromper. ,, D'ailleurs une Bi-
,, gotte trouve dans ses moindres
,, idées tant d'importance, qu'en
,, les trouvant chez un autre, el-
,, le les considere comme le plus
,, solide merite; & les qualitez les
,, plus éminentes perdent tout leur
,, prix dans ceux qui n'admettent
,, pas jusqu'à la moindre de ses opi-
,, nions favorites. Chez elle, ceux
,, qui n'adoptent pas les Rites de
,, sa Secte ne sont pas Chrêtiens,
,, quand ils reconnoîtroient toutes
,, les Veritez de l'Evangile, &

que

„ que leur conduite y feroit par-
„ faitement conforme. Elle ref-
„ pectera comme un foutien de
„ l'Eglife cet autre qui s'emporte
„ contre les Non-Conformiftes,
„ quand il ne fauroit rendre la
„ moindre raifon de ce qu'il croit,
„ & que dans fa maniere de vivre,
„ il choque les préceptes les plus
„ clairs du Chriftianifme." Animée d'un zele cruel & farouche,
on l'entend fouhaiter la perte de
ceux qui ne donnent pas dans fes
travers. Bien plus encore. Elle
voudroit etre chargée de l'adminif-
tration de la juftice, pour faire
main baffe, non pas fur les malfai-
teurs, mais fur ceux qui n'ont pas
le Don de la foy. Et quoiqu'elle
foit alterée de fang humain, elle
ofe pourtant encore fe dire Chrêtienne & Chrêtienne Reformée.
Elle meprife en cette occafion les
principes fur lesquels elle fe fonde
pour reprocher aux *Papiftes* l'af-

 freufe

freufe boucherie qu'ils on fait des Proteftants en *France*. Mais ce n'eft pas tout encore. La Bigotterie, ainfi que Jefus-Chrift nous l'apprend lui-même dans le Portrait qu'il nous trace des Pharifiens, la bigotterie nous attache fcrupuleufement à de petites pratiques indifferentes, comme feroit de ne point manger, fans s'etre lavé les mains, &c. & elle nous fait negliger ce qu'il y a d'effentiel dans la Religion, à peu près comme ce Montagnard du Royaume de *Naples* qui venant à Confeffe, & étant interrogé fur les crimes qu'il pouvoit avoir commis, repondit d'un grand ferieux : *j'ai avalé par hazard quelques gouttes, de petit lait qui, de la preffe ou je faifois le fromage, a rejailli dans ma bouche. C'eft là le feul peché dont je me fens coupable.* Le Prêtre voiant la fimplicité de ce bon vilageois, lui demanda s'il n'avoit point eu de part aux vols & aux

meur-

tres qui fe faifoient tous les jours
dans les montagnes ; il repondit
ingenûment qu'oui ; mais qu'il n'y
trouvoit point de mal, & que la
Confeffion n'avoit rien de commun
avec une chofe pratiquée par tous
les Bergers.

Enfin, la Bigotterie, felon l'Auteur Anglois que j'ai deja cité, fait
ceder les interets les plus puiffants
& les plus facrez parmi les hommes, à l'interêt particulier d'une
Secte fanatique. Faire un Profeli-
te, eft, fuivant les idées d'une Devote, quelques chofe de plus con-
fiderable que de fauver un Etat. En
un mot „ la Bigotterie eft une yvroye
„ qui, à moins d'etre deracinée,
„ ruine toutes les productions du
„ terroir qui la nourrit ; elle eft
„ abominable dans fes effets, au-
„ tant qu'elle eft deraifonnable
„ dans fes caufes. *C'eft un vice lâ-*
„ *che* : il porte l'homme à fermer
„ fes yeux pour fuivre les autres

,, dans l'obscurité, à renoncer à
,, la propre raison, le present le
,, plus beau de la divinité, & la
,, plus noble prerogative de notre
,, nature. *C'est un vice impoli &*
,, *contraire à l'humanité*; il nous
,, fait rompre en visiere à tout le
,, monde, & nous rend usurpa-
,, teurs de la liberté de raisonner
,, qu'on ne peut oter aux autres,
,, pour en jouir seul, sans violer
,, les Droits de la Societé. *C'est un*
,, *vice Anti Chrétien* & directe-
,, ment opposé à l'humilité, la ba-
,, se de l'Evangile, qui nous or-
,, donne d'estimer les autres com-
,, me plus excellens que nous-mê-
,, mes. Ce vice est le poison de la
,, Philosophie & de la verité,
,, puis qu'il nous ôte tout moien
,, de nous éclaircir & d'augmenter
,, nos connoissances. *Sur tout, ce*
,, *vice est pernicieux pour la Poli-*
,, *tique*; quand on lui lâche le
,, frein, il s'echape en jalousies,

en

„ en animositez, en violences,
„ en persecutions, en guerres san-
„ glantes, & barbares. Un Ro-
„ yaume de Bigots ressembleroit
„ à l'Etat de la Nature, ou chaque,
„ Particulier auroit à craindre de
„ tous les autres. „ Telle est l'i-
dée qu'on peut se former de la
devotion qui fait de nos jours
tout le christianisme de la plupart des femmes & même des
trois quarts des hommes. Le Nom
de Chrêtien ne sert plus qu'à nous
mettre à couvert de ces passions
brutales qui feroient honte à un
honnête Payen. Est ce là l'Esprit
de la Religion que J. C. nous a en-
seignée? Rougissez, *Belise* Rougissez de cette frenesie qui vous
rend esclave du Jeune *Licion*. Est
ce la Religion qui vous a empêché
jusqu'à present, de lui faire un sacrifice de votre pudicité? Ignorez-
vous, *Lycie*, ce que vous avez
entendu prêcher cent fois que le

 Carac-

Caractere du Christianisme est la douceur, l'humilité & la patience: comment donc oſez vous venir aux Aſſemblées Chrêtiennes, puis que vous ne reſpirez que vengeance & que haine? Comment oſez vous paroître dans la maiſon de Dieu plus bouffie d'orgueil, que de la graiſſe qui vous etouffe? Apprenez qu'avec de pareilles, diſpoſitions vous ne pouvez pretendre à l'heritage de ceux *qui ſont doux & humbles de cœur.* Vous ne pouvez ſouffrir à vos côtez une vieille couverte de haillons: craignez ou plutot tremblez que votre jeuneſſe & votre parure ne vous rendent indignes d'approcher du fils de Dieu. En un mot, *Beliſe*, devenez humble & modeſte: pratiquez vos devoirs pour l'amour de Dieu ſeul, & alors, je ne taxerai plus votre Religion d'hypocriſie, ni votre Devotion de Bigotterie. Mais je fremis quand je penſe combien vous

étes

étes eloignée d'un changement qui vous feroit fi avantageux. Neanmoins, pour le faciliter autant qu'il eſt en nous, voici quelques moïens dont vous pouvez faire uſage, contre un mal qui ſemble être ſans remede.

1. Defaites vous de cette orgueilleuſe preſomtion qui vous fait regarder avec mepris ceux qui ne vous imitent pas en tout, & qui ne feront tenus de le faire que quand vous imiterez-vous-même J. C. modele de l'humilité la plus parfaite.

2. Penſez ſouvent combien l'Eſprit humain eſt, par ſa nature, ſujet à l'Erreur, & ne decidez plus avec precipitarion, ſur des Queſtions que vous n'entendez point.

3. N'ayez plus pour les perſonnes de differentes Religions ce mepris dont nous avez affeƈté juſqu'à preſent de donner des marques publiques. Frequentez les, bien loin

de

de les fuir. Le commerce que vous aurez avec elles etendra vos connoiſſances, & vous frayera un chemin pour parvenir à la verité.

4. Ayez ſur tout une probité ſans faſte, & un amour genereux pour la verité.

5. Ne changez point de ſentiment à la legere, & ſans avoir murement examiné & peſé les raiſons pour & contre. Agir autrement, c'eſt faire peu de cas de la Religion, c'eſt fouler aux pieds les loix ſacrées & inviolables de la conſcience, c'eſt enfin mepriſer, ou pour mieux dire inſulter Dieu lui-même ſur le thrône de ſa gloire.

CHA-

CHAPITRE VI.

De l'Amour & des Dereglemens dans lesquels cette passion jette les Femmes.

L'Amour, quoi qu'agreable quelquefois par les douces illusions dont il flatte nos esperames, tient le plus souvent d'une espece de frenesie ou de fureur aveugle & brutale * qui nous ôte entierement l'usage de la raison:

Ne

---

* C'est ce qu'Horace disoit à sa Chere *Lydia* dans l'Ode XXV. du 1. livre;

Cùm tibi flagrans amor & libido,
Quæ solet Matres furiare Equorum,
Sæviet circà Jecur ulcerosum
Non sine questu.

Ne cherchons point un vain detour
Pour excuser nôtre foiblesse;
Les premiers soupirs dé l'Amour
Sont les derniers de la Sagesse.

Cette passion fougueuse nous convainc de la foiblesse de nôtre nature,
en même tems qu'elle nous apprend
à en connoître la force & les prerogatives, qui nous raprochent le
plus de la Divinité, par la faculté
que nous avons de produire nos
semblables. Voyez ce qu'en dit
Horace; Poëte qui a transmis à la
Posterité, le souvenir de ses A-
mours, & les noms de ses diverses Maîtresses. C'etoit un sçavant
aussi fameux, & peut-être plus
chez les anciens *Romains* par ses
galanteries, que par ses Ecrits. Et
qu'on ne s'en etonne pas: les Philosophes qui paroissent les plus insensibles, ressentent quelquefois
les feux de l'Amour.

Veut-

Veut-on favoir tous les delor-
dres que cette paffion peut produire dans le cœur, on n'a qu'à lire
la peinture vive qu'Ovide nous a
donnée de l'Amour de *Byblis* jour
fon frere *Caune*. * „ D'abord, cet-
„ te fille ne crut pas, dit-il, que
„ fa paffion s'appellat Amour. Bai-
„ fer fon frere à toute heure, lui
„ paroiffoit un effet de l'Amitié
„ fraternelle : mais enfin cette
„ paffion fe declara peu à peu.
„ Toutes les fois qu'elle devoit
„ voir fon frere, elle étoit plus
„ curieufe de fe parer, Elle avoit
„ plus d'envie qu'auparavant, de
„ paroitre belle à fes yeux ; &
„ lorfque quelque fille qu'elle
„ croyoit plus belle qu'elle pa-
„ roiffoit auprès de lui, elle eu
„ étoit auffi tot jaloufe. Nean-
„ moins elle ne connoiffoit pas
„ encore ni fa paffion, ni elle-
mê-

* Ovide metamorph. l. IX, fable II;

„ même; avec ce feu inconnu qui
„ la devoroit, elle ne formoit ni
„ vœux, ni defirs, mais cette forte
„ de modeftie ne demeura pas long-
„ tems ou il y avoit tant d'A-
„ mour. „ Elle refolut enfin d'e-
crire à fon frere qui etoit devenu
fon Amant, & s'appuyant fur fa
table : *Quoi qu'il en puiffe arri-*
ver, dit-elle, découvrons ce fol
Amour. Mais en quel gouffre me
vais-je plonger? Et combien le feu
que je nourris eft-il horrible &
epouvantable? „ Elle Commença à
„ écrire, mais d'une main timide
„ & tremblante, & fut en doute
„ fi elle devoit achever. Elle
„ tient d'une main la plume, &
„ de l'autre le Papier. Elle lit &
„ relit ce qu'elle a ecrit, elle ef-
„ face, elle change, & remet en
„ même tems ce qu'elle vient
„ d'effacer. Ce qu'elle a ecrit lui
„ plait, mais elle ne laiffe pas
„ de le condamner, & d'en avoir
hon-

„ honte. Elle veut dechirer fa
„ lettre, & auffitot elle ne le veut
„ plus, elle ne fait ce qu'elle
„ veut & tout ce qu'elle veut lui
„ deplait. On eut vû fur fon vifa-
„ ge un melange d'audace, & de
„ crainte. Elle avoit mis dans
„ fa lettre le nom de fœur, mais
„ elle l'effaça en la relifant. „
Caune reçut très-mal cette Lettre qui avoit couté tant de peines à *Biblis* : cette pauvre fille
s'imagine qu'elle a eu tord de fe
confier à du papier, & qu'elle
auroit mieux fait de decouvrir elle-
même fa paffion. „ Son Efprit de-
„ meura dans un trouble étrange.
„ Bien qu'elle fe repentit d'avoir
„ voulu tenter fon frere, elle veut
„ pourtant le tenter encore. Elle
„ renonce à la modeftie, elle lui
„ parle même, & lorfqu'elle a
„ été cent fois refufée, elle s'ex-
„ pofe encore au hazard d'effuyer
„ de nouveaux refus. Enfin *Caune*

E

qui

„ qui voyoit que l'aveuglement de
„ sa sœur ne guerissoit point, &
„ que sa fureur n'avoit point de
„ fin, abandonna sa Patrie, & al-
„ la bâtir une ville dans un Païs
„ étranger, s'imaginant que son
„ absence étoit l'unique remede à
„ la passion de sa sœur. Mais
„ cette miserable fille en devint
„ plus furieuse. Elle dechira ses
„ habits, elle s'arracha les che-
„ veux & la fureur la transporta de
„ telle sorte, qu'elle n'eut point
„ de honte d'avouer que le mal
„ qu'elle enduroit, procedoit de
„ son Amour & des mepris de son
„ frere. „ Encore seroit-on heureux si ce que l'Amour fait souffrir
apprenoit à s'en passer; mais helas!
il n'est propre qu'à nous jetter
dans le desespoir, quand on ne
peut jouir de l'objet aimé.

Ainsi, cette passion etant aussi
vive qu'elle l'est, on a tout lieu de
s'etonner qu'on puisse lui en asso-
cier

cier d'autres: mais d'ailleurs, c'est une raison pour n'être point sur pris qu'elle porte les Femmes à des dereglemens qui deshonnorent la Religion, & causent tant de troubles dans la societé. Car plus un vice est infame, & plus les Femmes s'y livrent, * & même avec une espece de fureur. Aussi voit-on par tout, & jusqu'à *Rome* des lieux publics, consacrés aux plus infames debauches, & ou l'on voit des filles & des Femmes, sans honte & sans pudeur, faire commerce de leurs corps. C'est le metier dont elles vivent. Mr. de St. *Didier*, Gentilhomme du Comte d'*Avaux*, dans la Relation qu'il nous a donnée de la ville de Venise, assure que *de dix filles qui s'abandonnent, il y en a neuf dont les meres & les Tantes font elles-mêmes*

* *Fortem animum praestant rebus quas turpiter Audent.* Juvenal sat. 6. vs. 197.

mes le marché, & conviennent du
prix de la virginité de leurs filles,
pour un certain tems, moiennant
cent ou deux cents ducats, pour
faire, disent elles, de quoi les marier. Il ajoute qu'il *se trouva un
jour à un Traite ae cette nature,*
& qu'un Gentilhomme étranger,
de sa connoissance, etant depuis
quelque tems en marché pour une
fille, & differant toujours à donner une reponse positive, sur ce
qu'il ne lui trouvoit pas assez d'embonpoint, & qu'elle n'avoit pas
encore la gorge bien formée, la
Tante lui dit qu'il ne falloit pas
être plus long-tems à se deteminer,
parce que le P. Predicateur d'un
des premiers Couvents de Venise
qu'elle nomma, etoit entré en traité; & avoit deja fait une offre
raisonnable. Il dit aussi que c'est
l'opinion commune de tout le monde à Venise, qu'un *seul frere se
marie pour tous les autres,* & que
cela

cela ne se dit pas sans fondement,
mais qu'il seroit inutile d'en vouloir donner des preuves . . . .
Il ajoute que *ceux qui connoissent
autant Rome que Venise sont en peine de decider en laquelle de ces
deux villes, il y a plus de Courti-
sannes, & plus de Libertinage.*
Heureux! si ces desordres etoient
renfermés dans les bornes de *l'Italie*, mais la corruption est passée
du Sanctuaire au Parvis du Temple.
Les Païs les plus eloignez de *Rome*
cette ville si celebre du tems de
St. *Paul*, par la foi des fidèles,
ne lui cedent en rien pour la Debauche. En *France*, en *Allemagne*, en *Hollande*, &c. on voit à
peuprès les mêmes desordres. On
auroit aussi-tot trouvé un Cygne
noir qu'une femme veritablement
vertueuse. *

On

* *Rara avis in terris, nigroque simillima
Cycne.* Juvenal. Sat. VI. vs. 164.

E 3

On me dira peut être qu'il n'y a que des Femmes du commun qui faſſent negoce de la vertu, ou plutot de l'impudicité la plus outrée. Mais je n'en excepte point les Dames de la premiere volée. Qu'on y prenne bien garde, elles donnent ſouvent l'exemple, & elles autoriſent les deſordres ; car elles ſont enhardies à commettre toutes ſortes de crimes par l'impunité, qui eſt un des privileges attachez à la grandeur. Les mœurs ſont-elles moins corrompuës aujourd'hui que du tems d'*Horace* & de *Juvenal* ? Bien loin de là : j'oſe dire que les paſſions augmentent & ſe fortifient à meſure que le monde vieillit. Or, quels n'etoient pas à *Rome*, & par tout ailleurs les dereglemens des Femmes de Diſtinction, ſous le regne d'*Auguſte* & de ſes Succeſſeurs ? Ne voyoit-on pas alors des Dames qui pouvoient compter parmi leurs Ancêtres, je ne ſais com-

bien

bien de Conſuls, aller impudemment ſe faire inſcrire chez les Ediles pour ſe mettre à l'abri de la rigueur des loix ? C'eſt ce que fit *Veſtilia* qui étoit d'une famille Pretorienne, ſuivant en cela, dit *Tacite*, la coutume établie depuis long-tems à *Rome*, ou l'on croyoit aſſez punir les Femmes debauchées par la honte d'un aveu ſincere de leur Crime. *Suetone* * nous apprend, que les Dames Romaines aimoient mieux perdre les prérogatives & les honneurs attachez à leur naiſſance, & donner leur nom dans les Regiſtres publics des Ediles, que de ne pas s'abandonner à toute la corruption de leur cœur.

Juvenal nous repréſente † quelques

* Sueton. in Tiber. c. 35.
† *Lenonum ancillas poſita Sauſeia Corona Provocat & tollit pendentis præmia coxæ. Palmam inter Dominas virtus natalibus Æquat.* Juvenal. ſat. VI. vſ. 319. &c.

ques Dames de son siécle défiant à
l'Escrime d'Amour , les servantes
des Lieux infames ou elles alloient
éprouver leurs forces. Elles preferent , dit ce Poëte , la victoire
qu'elles y remportent à leur naissance même quelque illustre qu'elle
soit ; & quand elles sont dans les
grottes obscures ou elles sacrifient
à Venus , agitées de transports furieux , elles s'ecrient toutes ensemble : ,, Nous voici donc dans un
,, lieu ou tout nous est permis !
,, Qu'on nous amene des hommes.
,, Quoi ! nos amans sont endor-
,, mis ? He bien qu'on nous fasse
,, venir de jeunes garçons deguisez
,, en filles. S'il ne s'en trouve
,, point sur le champ , continue
,, Juvenal , elles font appeller des
,, Esclaves. Au defaut de ceux-ci ,
,, elles envoient querir , l'argent à
,, la main , des Porteurs d'eau.
,, Que sai-je ? Plutot que de ne
,, pas assouvir leur brutale passion ,
                                    elles

„ elles n'auroient pas honte d'a-
„ voir recours aux Bêtes mêmes. *
Encore un coup, il faudroit ne
guere connoître les mœurs de nôtre siécle, pour s'en former une
idée plus avantageuse. Si j'etois
homme à peindre d'après nature,
ou si l'on pouvoit dire la verité
sans courir aucun risque, je pourrois donner ici des Portraits, ou
l'on reconnoîtroit bien des Dames
de nos jours. Mais au defaut de cela, les Lecteurs judicieux pourront
appliquer à qui bon leur semblera
les paroles de Juvenal que je viens
de citer. C'est une copie dont il y
a eu dans tous les tems beaucoup
d'Originaux.

Après

---

* *Jam sas est, admitte viros, dormitat adulter?*
Illa jubet sumto juvenem properare Cucullo.
Si nihil est servis incurritur: abstuleris spem
Servorum, veniet conductor aquarius: hic si
Queritur, & desunt homines, mora nulla
   per ipsam
Quo minùs imposito clunem summittat Asello.
Juvenal Sat. 6. vs. 326.

Après tout l'Amour n'eſt condamnable qu'autant qu'il cauſe les dereglemens dont on vient de parler. Quand cette paſſion eſt bien reglée, & qu'elle ne nous fait point franchir les bornes de la chaſteté & de la pudeur, elle n'a rien que de très-legitime.

Je ſais bien qu'un Amant eſt toujours agité de quelque tranſport, mais la paſſion qui le domine, & qu'on nomme, dans l'iſle de Cythere, *la belle paſſion*, ne lui fait pas toujours fouler aux pieds les loix de la Religion & de l'honnêteté.

> * Eſt-il rien de plus beau que l'innocente flamme
> Qu'un merite éclatant allume dans une ame?
> Et ſeroit-ce un bonheur de reſpirer le Jour
> Si d'entre les mortels on banniſſoit l'Amour?
> Non, non, tous les plaiſirs ſe gouttent à le ſuivre,
> Et vivre ſans aimer, n'eſt pas proprement vivre.

Les

* Moliere.

❦

> Les biens, la gloire, les grandeurs,
> Les sceptres qui font tant d'envie,
> Tout n'est rien si l'Amour n'y mele ses ardeurs
> Il n'est point, sans l'amour, de plaisir dans
> la vie.

Mais ces maximes ne doivent pas être prises au pied de la lettre. Elles ne sont pas vraies en tout sens, & franchement, elles ne conviennent qu'à un très-petit nombre de personnes. qui sont assez maîtresses d'elles-mêmes pour dire :

> Si pousser des soupirs & pleurer nuit & jour
> C'est le premier tribut que l'on paie à l'Amour,
> Avant qu'entrer sous sa puissance,
> Je veux qu'il m'en donne quittance.

Car si l'on ne se sent pas assez de force d'Esprit, pour eteindre, quand on le voudra, les étincelles qui pourroient causer un incendie, il faut eviter jusques aux engage-
mens

mens les plus innocens. Les jeux
se tournent quelques fois en affaires
serieuses. Mais, en bonne foi,
qu'est ce que les Moralistes les
plus rigides, trouveroient de criminel dans les soupirs de deux jeunes cœurs faits l'un pour l'autre,
& qui souhaitent passionement d'ê-
tre réunis par les liens du mariage?
Pourroient-ils blamer la jeune
L * * * de ses empessemens pour
le Marquis de C* * *? Elle l'aime,
elle en est aimée. Du reste, elle est
d'une vertu solide & reconnuë;
elle fuit avec autant de soins la
compagnie de tout autre homme,
qu'elle recherche avec avidité celle
de cet heureux Amant. Pour moi,
j'approuve en elle jusqu'à ces agréables fureurs de l'Amour, qui lui
font dire, après *Sapho*:

> Heureux! qui près de toi pour toi seul soupire,
> Qui jouit du plaisir de t'entendre parler,
> Qui te voit quelquefois doucement lui sourire;
> Les Dieux dans son bonheur peuvent-ils
>   l'egaler?

Je

Je sens de veine en veine une subtile flame,
Courir par tout mon corps si tot que je te vois
Et dans les doux transports ou s'egare mon
　　Ame
Je ne saurois trouver de langue, ni de voix;

Un nuage confus se repand sur má vûe.
Je n'entends plus, je tombe en de douces
　　langueurs
Et pâle, sans haleine, interdite, éperduë;
Un frisson me saisit, je tremble, je me
　　meurs.

Oui, je le soutiens, quelqu'animé, & quelque passioné que soit
ce langage, il est très-permis à
L *** de le tenir. Son Amant est
sage & digne d'elle. Les motifs qui
les font agir l'un & l'autre, sont
justes & Chrêtiens. On ne peut
donc raisonnablement, trouver
mauvais qu'ils se temoignent reciproquement ce qu'ils sentent l'un
pour l'autre.

CHA-

CHAPITRE VII.

De la Continence & de la Chasteté.

Y A-t'il encore dans le monde un reste de ces vertus que nos bons Peres appelloient Continence & Chastete? C'est-là une question qu'on me feroit, sans doute, après avoir lû le Chapitre precedent, si je ne la prevenois ici. Question à la quelle je repons que ces vertus ne sont pas encore tout à fait bannies du Christianisme. Oui : on a encore la satisfaction de voir des Femmes vertueuses & chastes, au milieu de l'impudicité qui semble inonder le genre humain. Et je ne doute point que parmi ce grand nombre de Devotes qui peuplent les Couvents, il n'y ait quelques

vestaveftales, douées du Don de Continence. La Grace eft affez puiffante pour les mettre en etat d'obferver le vœu qu'elles ont fait, quoique temerairement, de *conferver leur vafe en fanctification.* Parmi les filles, fi la defenfe du feptieme commandement n'eft pas capable de leur faire garder la chafteté, du moins la crainte de l'infamie produit ce bon effet. Combien n'y en a-t'il pas qui font l'Original du *Paftor fido*, & qui difent dans le fecret de leur cœur, ou dans un tête à tête paffioné :

> Que vôtre bonheur eft extrême,
> Vous qui n'avez dans vos Amours
> D'autre regle que l'Amour même !
> Que j'en vie un femblable fort,
> Et que nous fommmes malheureufes,
> Nous de qui les Loix rigoureufes
> Puniffent l'Amour par la mort !

Ha ! que l'on aime peu quand on craint de mourir ;
Myrtile, plut au ciel qu'une mort inhumaine,
Fut

> Fut du peché la feule peine,
> Je ferois gloire d'y courir ?
> Seule regle des belles ames,
> Et le premier Dieu de mon cœur,
> Honneur, voi que je fais à ta fainte rigueur
> Un facrifice de mes flammes.

Ainfi la crainte de la mort, ou des jugemens de Dieu, n'eft pas le principe de la chafteté des Femmes. L'enflure qui eft quelquefois la fuite d'un commerce criminel, un certain refte de pudeur qui empêche les plus paffionées de faire toutes les avances: un noble orgueil, & d'autres paffions de cette nature y contribuent beaucoup plus que toute autre chofe.

Mais, pour le dire franchement; je ne fuis point de ces Moraliftes rigides, qui pretendent, & foutiennent d'un ton decifif qu'on peut être impudique, non feulement par les actions, & par les paroles obfcenes, mais encore par les penfées. Nous ne fommes point maîtres

tres

tres de nos defirs, ainfi on ne peut condamner que le plaifir qu'on y prend, au lieu de s'oppofer à ces aiguillons involontaires de la chair. Deforte que, felon mes principes, on ne pêche réellement contre la chafteté & contre la Continence, que quand on fouhaite paffioné-ment, de faire des chofes oppofées à ces vertus. Toute femme, par exemple, qui fe fent très-difpofée à commettre un adultere, & qui vit dans l'efperance d'affouvir un jour fes defirs criminels, en peut conclure hardiment que quoique fon corps foit chafte, elle eft coupable devant Dieu du crime qu'elle auroit commis fi elle en avoit trouvé l'occafion. * „ ha! que l'on fe
„ trompe, dit Mr. *Bayle*, fi l'on
„ croit faire pour l'Amour de
„ Dieu, tout ce qu'on fait de loüa-
ble,

---

* . . . *Servatis benè corpus, adultera mens eft.*
Ovid. *Amor.* l. 3. El. 4.

„ ble , à moins que l'on n'ait
„ éprouvé que l'on s'abstient des
„ choses qui nous sont plus che-
„ res, dez qu'on s'aperçoit que
„ Dieu nous les a defenduës. Un
„ homme qui aime les Femmes
„ & qui contente sa passion le
„ plus qu'il peut, mais qui d'ail-
„ leurs est si sobre, qu'il ne
„ hait rien tant que de rompre
„ son Regime, & qui ne pour-
„ roit boire du vin pur sans
„ gagner des maux de têtes fort
„ violens, qui est outre cela
„ grand Poltron, & ne sait ce
„ que c'est ni d'Epée, ni de Pis-
„ tolet, n'auroit-il pas bonne
„ grace de se faire un merite
„ devant Dieu de ce qu'il ne
„ s'enivre point, ni ne vole point
„ sur les grands chemins ? Qu'il
„ renonce à l'impudicité à la
„ quelle il est si sensible, qu'il se
„ fasse cette violence-là par la
„ raison que Dieu le lui a com-

man-

„ mandé, & alors on prendra
„ pour bon tout ce qui est en lui
„ de louable : autrement il nous
„ permettra de croire que son
„ aversion pour l'yvrognerie &
„ pour le vol, est une vertu à la-
„ quelle sa foi n'a nulle part, &
„ qu'il retiendroit toute entiere
„ quand même il renonceroit au
„ Christianisme. „ Il en est de
même de toutes les Femmes qui se
sentent capables de commettre
quelqu'action criante. Elles ont
une passion favorite qu'elles culti-
vent avec soin, bien loin de vouloir s'en defaire. Du reste, elles
sont assez reglées; elles s'en applaudissent, & se figurent qu'elles
font un grand sacrifice à Dieu en
s'abstenant de certains vices qui
les déshonnoreroient dans le
monde & les perdroient de reputation. Mais, Mesdames, qu'il
me soit permis de vous dire ingenûment ce que je pense là dessus,

& de le dire après le même Auteur que je viens de citer. *Si vous etiez capables de faire un grand facrifie à Dieu, vous comprendriez bien que ce feroit vôtre paffion favorite qu'il faudroit facrifier, & qu'on ne facrifie pas les paffions aux quelles notre temperemment nous rend infenfibles, ou que le feul point d'honneur nous empêche de fuivre aveuglement. Confultez-vous là deffus, & foyez perfuadées que toutes les vertus qui n'ont que des vûes humaines & charnelles pour principes, font bien quelque chofe de beau aux yeux des hommes, mais que devant Dieu, qui fonde les Reins & les cœurs, ce ne font que des Pechez éclatans,* felon l'expreffion de *St. Auguftin.*

CHA-

CHAPITRE VIII.

Du mariage.

DAns les premiers siécles du Christianisme, quelques Peres de l'Eglise, infatués d'un faux Principe, emprunté des Païens, qui avoient reconnus l'excellence du Celibat, preferoient cet Etat à celui du mariage. Quelques uns d'entre ces SS. Docteurs, ont outré leurs idées sur cette matiere jusqu'à dire que le *mariage etoit un usage illegitime & impur.* * Mais assurement, il n'y

F 3

* *Justin de Resurrect. Il y a des Femmes qui n'etant pas d'abord steriles, sont demeurées vierges, & se sont abstenuës de tout commerce charnel. D'autres s'en sont abstenuës depuis un certain tems. Il y a aussi des hommes, qu'on voit garder la continence dez le Commencement & d'autres depuis un tems, ensorte qu'ils renoncent à l'usage illegitime du mariage, par lequel on satisfait les desirs de la chair.*

n'y eut jamais rien daus l'Ecriture
qui puisse autoriser une opinion si
extravagante. Et même, j'ose dire
(faisant abstraction du pouvoir in-
vincible de la grace) que le mariage est le seul moïen de conserver
la chasteté, & que c'est l'unique
remede aux feux de la concupiscence; car tout le monde n'est pas de
l'humeur d'un saint visionaire. C'est,
si je ne me trompe le bon François
d'Assise, Patron des Gueux, lequel
se vautroit dans la neige pour arrêter certains mouvemens impetueux
de la chair & pour garantir. la Rob-
be de Chasteté des flammes du plaisir. Quelle chaleur dans un Moine!

Les hommes & les Femmes pris
separement, ne sont pour ainsi dire, que des Creatures imparfaites,
& comme une moitié les unes des
autres. L'humanité divisée en deux
Sexes n'est proprement entiere que
par l'union de tous les deux. Chaque Sexe a reçu certains merites
d'agré-

d'agrémens qu'il doit à l'autre Sexe;
& c'eſt cette communication mutuelle de beautez particulieres, qui
fait la beauté generale de la nature.
De là vient cette pente presqu'in-
vincible que nous avons à nous faire part des graces qui nous embel-
liſſent. Celui qui les poſſede n'en
eſt point touché, parce qu'il doit
aſpirer à d'autres: mais celui qui
les voit, en eſt charmé, parce
qu'elles lui ſont propres; & qu'elles ne ſont faites que pour lui. Ce
jeu de la nature qui ne nous a ſe-
parez que pour nous raprocher de
plus près, eſt auſſi ancien qu'elle
même; & l'on a toujours vû les
deux Sexes ſe redemander l'un à
l'autre, cette portion d'eux mêmes
qui leur manque, & ſe ſommer
reciproquement de ſe communiquer leurs perfections, pour ne
faire tous enſemble qu'un ſeul corps
d'humanité, qui puiſſe augmenter
ſes forces par ſon union, & eten-

dre

dre fa durée par fes forces.* je ne doute point que les Peres de l'E-glife qui ont tant clabaudé contre le mariage n'aient fenti, comme nous, ces impreffions fecretes de la natute, qui devoient les obliger à parler tout autrement qu'il n'ont fait. Mais entre nous, peut etre que par des expreffions qui paroif-fent & qui font en effet fi du-res, ils ont feulement voulu di-re;

- - - - - Qu'on fait mieux fon affaire
Sans l'avis d'un Curé, ni le feing d'un Notaire,

Ou tout au moins qu'il ne faut rien precfpiter dans une affaire de cette importance, & de toute la vie. Qu'il faut connoître les incli-nations d'une Femme avant de s'u-nir à elle par des liens indiffolu-bles; & qu'après avoir pris toutes

les

* V. Les Amours d'Horace p. 132.

les précautious imaginables, on a
encore tout le tems de ſe repentir
de ſon choix. Si c'etoit là leur penſée, il n'y a rien de mauvais. Bien
loin de là: elle renferme un conſeil que tout homme raiſonnable devroit ſuivre, & qui eſt bien exprimé par cette Epigramme:

> Ami, je voi beaucoup de bien
> Dans le parti qu'on me propoſe;
> Mais toutefois ne preſſons rien,
> Prendre femme eſt étrange choſe.
> Il y faut penſer mûrement,
> Sages gens en qui je me fie,
> M'ont dit que c'eſt fait prudemment
> Que d'y ſonger toute ſa vie.

On voit bien, ſans que je le di-
ſe, que la conlcuſion de ce dernier
vers n'etant là que pour la rime,
& pour la chûte de l'Epigramme,
on auroit tord de prendre cet avis
à la rigueur, & de s'en ſervir pour
ſe diſpenſer du mariage. Si c'etoit
là le ſens qu'on dut lui donner, il ſe-

roit très-criminel, puis qu'il tendroit à la deſtruction de nôtre eſpece. Mais, ſi l'on ne doit pas *ſonger toute ſa vie* au mariage, il faut du moins y penſer très-long-tems. Combien d'hommes pour s'etre mariés ſans reflexion, & par un *in-promptu* d'Amour, vivent avec leurs Femmes d'une maniere ſcandaleuſe. Toutes les humeurs ne ſympatiſent point les unes avec les autres, & il y a plus d'un mari qui pourroit dire après Mr. *Paſſe-rat* :

Celui qui n'a pas vû comment la Mer Egée,
Heurtant contre ſa rive écume en ſa fureur :
Comment la foudre craque, éclatant ſon
    horreur
Sur quelque groſſe tour dont la etre eſt
    chargée :

Qui n'a pas vû comment la Lionne outragée
D'un rugir gemiſſant ſe fend preſque le cœur,
Et ce qu'oit le chaſſeur à demi-mort de peur
Laiſſant ſur l'autre bord la Tigroſſe enragée :

Qu'il

Qu'il vienne à mon logis, il entendra souvent
Les muglemens des bœufs, les orages, le vent,
Les Tambours, les Canons, la foudre & la
    tempête :

Il entendra l'enfer ; & ce qu'on peut nom-
    mer
D'impetueux au Ciel, en la terre, en la mer,
Ma Femme, cher Ami, seule a tous dans
    sa tête.

Tout bien consideré, on ne peut blamer *absolument* le Heros que *Boileau* fait parler dans sa Satyre contre le mariage. Tout ce qu'il lui fait dire est sentences, & toutes sentences vraies à certains egards, & fondées sur l'experience journaliere, qui nous apprend à n'en pouvoir douter que pour la plupart des gens.

L'hymen avec la joye a tant d'antipatie
Qu'on n'a que deux bons jours, l'entrée &
    la sortie.
Si l'on en trouve plus, c'est par un cas fortuit ;
L'on a cent maurais jours pour une bonne
    nuit.

Nean-

Neanmoins , cette verité n'eſt
pas ſi generale qu'elle excluë toute
exception. Il y a des mariages heureux, & quand ils ſont tels, c'eſt
ſans contredit le plus beau & le
plus aimable Etat de la vie.

> Quelle joie en effet , quelle douceur extrême!
> De ſe voir careſſé d'une Epouſe qu'on aime:
> De s'entendre apeller *petit cœur*, ou *mon bon*;
> De voir autour de ſoi croître dans ſa maiſon,
> Sous les paiſibles loix d'une agréable mere,
> De petits Citoïens *dont on croit être pere!*
> Quel charme! au moindre mal qui nous vient
>   menacer,
> De la voir auſſitot accourir, s'empreſſer,
> S'effraïer d'un peril qui n'a point d'apparence,
> Et ſouvent de douleur ſe pâmer par avance.

Pour gouter ces douceurs dans
le mariage, le Mari & la Femme
doivent contribuer reciproquement
à leur felicité. Ils doivent ſuivre
les préceptes de *St. Paul* qui ordonne à l'homme *d'aimer ſa Femme comme J. C. aime ſon Egliſe;*
& à la Femme *d'être ſoumiſe à*
                              ſon

son mari en toutes choses. Tous deux doivent se garder une fidelité inviolable, & l'entrée de leur cœur doit être entierement fermée à la jalousie. Car qu'y gagneroit-on, à agir autrement? Des inquietudes mortelles, suivies de toutes les précautions imaginables, peuvent elles nous garantir du Cocuage? Au contraire: plus une Femme est genée, & plus il est à craindre qu'elle ne vienne à bout de ses desseins. Une preuve de cela, c'est qu'on voit beaucoup plus de desordres en *Italie* & en *Espagne* ou les Femmes ont peu de liberté, qu'en France, ou elles peuvent recevoir des visites à toute heure. Telle est la perversité, & la bizarrerie de nos inclinations. Nous nous portons violemment à ce qui nous est defendu ; & la liberté semble émousser nos desirs. On pêche moins, quand on peut le faire impunément. On ne fait qu'irriter les

pas-

paſſions, en voulant les dompter :
le plus ſûr moïen de les vaincre,
c'eſt de leur laiſſer le champ libre. *
Lucien accompagne ſa Femme, à
l'Egliſe, aux promenades, dans
les viſites qu'elle rend à ſes amies ;
eu un mot elle ne va jamais ſeule.
Ce jaloux prend toutes les précautions du monde pour n'être point
coëffé de la façon de Geronte.
Quand il ſort pour vacquer à ſes
affaires, & que la bienſeance ne lui
permet pas de mener avec lui ſa
moitié, il la ferme dans une Chambre ; mais le pauvre ſot eſt duppé.
A peine eſt-il ſorti que la ſervante,
d'intelligence avec ſa maîtreſſe, court
en donner avis à Geronte. Elle l'introduit dans l'appartement de la belle Priſonniere, par une Porte qu'on a
mena-

* *Cui peccare licet, peccat minus : ipſa poteſtas*
Semina nequitiæ languidiora facit.
Deſine, crede mihi, vitia irritare vetando :
Obſequia vinces aptiùs illa tuo.
        Ovide *amor.* lib. 3. Eleg. 4.

menagée avec beaucoup d'art, sous la tapisserie, & derriere le Lit. Representez vous, si vous le pouvez, ce que font alors les deux Amans. Les maris doivent apprendre de cet exemple que le meilleur parti qu'un honnête homme puisse prendre, c'est de se reposer entierement sur la bonne foi de son Epouse. C'est le moïen le plus sûr de n'être point trompé. Finissons ce Chapitre par une reflexion que j'emprunte d'un Auteur qui seroit très mal dans ses affaires, s'il n'étoit pas mieux connu de Dieu, que de moi.

,, Le mariage, dit-il, est un Païs de
,, ridiculitez, en même tems que
,, c'est un Païs d'epreuve & de pa-
,, tience. De quelque maniere que
,, l'on en sorte, c'est par violence.
,, L'Amour est l'introducteur, &
,, quitte presque toujours à l'entrée.
,, Au defaut de l'Amour, c'est l'in-
,, terêt qui introduit. Dans la sui-
té,

„ te, c'eſt la haine ou l'indifferen-
„ ce, qui prennent le ſoin de con-
„ duire. Le but de ceux qui voïa-
„ gent dans ce païs eſt ſouvent ex-
„ traordinaire & biſarre, tout le
„ monde a du penchant pour y
„ voiager; il en eſt peu qui ne ſe
„ repentent d'y être entrés. Quel-
„ le ſource de ridicule!

„ La meilleure raiſon que l'on
„ puiſſe donner de la diſcorde qui
„ ſuit après le mariage, c'eſt que
„ l'Epoux & l'Epouſe n'y ſont
„ plus animés du même Eſprit.
„ Avant le mariage, l'Amour ou
„ l'interêt les regiſſoit, après le
„ mariage c'eſt le Dieu Hymen qui
„ repand ſon eſprit ſur les mariés.

„ Si vous me de mandez quel eſt
„ cet Eſprit, je vous avertis qu'il
„ eſt difficile à definir. Je vais
„ pourtant vous en donner une foi-
„ ble idée.

„ Le Dieu Hymen eſt imperieux,
„ il aime à faire des reproches, &

n'en

„ n'en fouffre pas volontiers: il eft
„ penetrant, il eft fubtil; il voit
„ & enfeigne trop de chofes. L'ef-
„ prit d'Amour au contraire n'en
„ connoit jamais affez. Avant le
„ mariage, on etoit d'accord, par-
„ ce que l'on alloit au même but;
„ car tout ce que l'Amour fait fai-
„ re, c'eft de réunir pour un tems,
„ & d'une feule maniere: au contrai-
„ re, l'hymen fait dèfunir pour
„ toujours en mille façons. De
„ plus: dans le mariage, on s'en-
„ nuye de fe rencontrer toujours
„ l'un l'autre. De là les contrarie-
„ tés, la bifarrerie, les regrets. Je
„ n'en dirai pas d'avantage, de
„ peur d'en dire encore trop peu.

„ Il eft fi vrai qu'une vue con-
„ tinuelle ennuye & importune,
„ que bien des mariez trouvent le
„ fecret de s'aimer en ne fe voyant
„ prefque jamais. ”

CHAPITRE IX.

De l'Esprit & de la science.

LEs Femmes se plaignent que les hommes veulent qu'elles aient de l'Esprit, mais pour le cacher, l'arrêter & l'empêcher de rien produire. „ Il ne sauroit pren-
„ dre l'essort, disent-elles, qu'il
„ ne soit aussi tot rapellé par ce-
„ qu'on nomme bienséance. La
„ gloire qui est l'Ame & le soutien
„ de toutes les productions d'esprit
„ leur est refusée. On ôte à leur
„ esprit tout objet, toute esperan-
„ ce ; on l'abbaisse, & pour le di-
„ re avec *Platon*, on lui coupe les
„ aîles. Il est bien étonnant qu'il
„ leur en reste encore. " Mais je
doute que ces plaintes soient bien
fon-

fondées. Elles ne doivent s'en
prendre qu'à l'Education qu'on leur
a données si elles sont genées sur le
fait des productions d'esprit ; &
comme elles ne sont point elevées
sous les yeux des hommes, c'est à
tord qu'elles nous accusent de leur
couper les aîles. ,, Par quelles loix,
,, dit Mr. de la *Bruyere*, par quels
,, Edits, par quels rescripts leur a-
,, t'on defendu d'ouvrir les yeux
,, & de lire, de retenir ce qu'elles
,, ont lû, & d'en rendre compte
,, ou dans leur conversation, ou
,, par leurs ouvrages? Ne se sont
,, elles pas au contraire etablies el-
,, les-mêmes dans cet usage de ne
,, rien savoir, ou par la foiblesse
,, de leur complexion, ou par la
,, paresse de leur esprit, ou par le
,, soin de leur beauté, ou par une
,, certaine legereté qui les empê-
,, che de suivre une longue etude,
,, ou par le talent & le genie qu'el-
,, les ont seulement pour les ou-

 vra-

,, vrages de la main ; ou par les
,, diſtractions que donnent les de-
,, tails d'un Domeſtique, ou par
,, un eloignement naturel des cho-
,, ſes penibles & ſerieuſes, ou par
,, une curioſité toute differente de
,, celle qui contente l'Eſprit, ou
,, par un tout autre gout que celui
,, d'exercer leur memoire."

On admire les productions *d'*
Saphos, des *Corines*, des *Desro-*
ches, des *Desgournay*, des *Scude-*
ry, des *Deshoulieres*, des *Da-*
ciers. On vante leur gout, leur fineſſe, leur legereté dans le ſtile,
leur delicateſſe à rendre ce qu'elles
penſent. Mais qu'eſt ce que tout
cela, demande froidement un Mi-
ſantrope ? C'eſt l'effet d'une imagination echauffée, & rien plus. Il
n'y a que du brillant, & point de
ſolide. Des ouvrages de la nature
de ceux de ces heroïnes qu'on vient
de nommer, ne peuvent plaire qu'à
des genies ſuperficiels. ,, On regarde

„ garde une Femme ſçavante com-
„ me on fait une belle arme, elle
„ eſt cizeleé artiſtement , d'une
„ poliſſure admirable, & d'un tra-
„ vail fort recherché , c'eſt une
„ piéce de Cabinet que l'on mon-
„ tre aux Curieux , qui n'eſt pas
„ d'uſage, qui ne ſert ni à la guer-
„ re , ni à la chaſſe , nou plus
„ qu'un cheval de manege quoique
„ le mieux inſtruit du monde. ”
Pourquoi a-t'on attaché une eſpece
de honte au ſavoir des Femmes?
c'eſt qu'elles ne peuvent être ſavantes qu'à demi. Ainſi pour eviter le ridicule, il vaut beaucoup
mieux qu'elles ſoient tout à fait
ignorantes. Honte pour honte, elles n'ont pas eu tort de choiſir celle qui leur rendoit d'avantage, &
de ſe livrer au plaiſir. Cependant je
ſuis bien eloigné d'approuver les
deſordres qui ont ſuivi ce choix,
& qui ne font tous les jours que
croître & embellir. Du reſte , je

G 3

ne

ne pretends point nier que les Femmes aient de l'esprit: j'ai même remarqué ailleurs que c'est par cet
endroit qu'elles nous plaisent. Mais
je ne puis convenir qu'elles aient
un esprit assaisonné d'assez de jugement pour réussir dans l'etude des
sciences abstraites. Approfondir les
misteres de la nature, quintessen-
cier les Elemens, se frayer une
route dans les abîmes des tems,
sont des choses fort au dessus de
leur portée. Qu'elles cessent donc
de nous envier un avantage que
nous avons réellement plus qu'elles
du coté de l'Esprit, & qu'elles apprennent enfin à se servir de leurs
petites lumieres, pour mieux s'as-
sujetir au service de Dieu, sans
donner dans une excessive Devotion.

Clorinde n'employe plus dans la
conversation que des termes choisis, & des termes de l'art dont elle parle: elle se recrie sur le moindre

dre mot hazardé : elle lit affidu-
ment tous les nouveaux ouvrages;
elle decide de leur merite & y met
le prix. Elle fçait le Latin & le
Grec : pour le François, Bon Dieu!
elle pourroit corriger le Dictionai-
re de l'Academie, elle a fait des
changemens confiderables dans
l'exemplaire qu'elle en a : en un
mot c'eſt une fçavante qui decide
de tout & de tout bien. Tel eſt le
portrait que *Zolippe* fait de *Clorinde*, à tous ceux qui ont la patience de l'ecouter. Mais qu'on ne s'y
trompe point; je connois *Clorinde*,
& je juge tout autrement de fon
Efprit & de fa fcience. Quoiqu'en
puiſſe dire le colleporteur de fon
merite, je ne trouve en elle aucun
fonds de raifonnement; beaucoup
de nullitez, encore plus de puerili-
tez, mais rien d'approfondi. Elle
recite des paſſages entiers des Auteurs qu'elle a lû, mais c'eſt là
toute la fcience. Sa cervelle eſt un

repe-

repertoire mal en ordre des plus beaux endroits des Poëtes Grecs, Latins & François. Toujours les yeux fichez fur des *in folio*, elle s'arrete à en apprendre quelques Lambeaux par cœur, & elle les debite enfuite avec une volubilité étonnante, mais fouvent très-mal à propos. Elle fait couler de fa bouche un fi grand torrent de paroles, que les Grammairiens les plus accoutumez à criailler dans leurs Ecoles, les Orateurs même les plus vehemens, tout fe tait devant elle : un Avocat, un crieur public, que dirai-je une autre Femme & c'eſt beaucoup dire, auroit beau elever fa voix, on ne l'entendroit point. Elle feule fait plus de bruit que toutes les cloches de la ville. * Elle ne fçut jamais l'art d'examiner fi un fiftême eſt bien ou mal

* *Cedant Grammatici , viniuntur Rhetores ,*
omnis

mal fondé. Un auteur qui parle en maître, qui decide avec confiance fur une queſtion qu'il n'entend pas, a toujours raiſon, pourvu, d'ailleurs que ſon ſtile ſoit à la mode; car c'eſt là une condition ſans la quelle on ne peut emporter ſon approbation. Preuve de cela, c'eſt que dans une viſite que je lui rendis, il y a quelques jours, elle me vanta beaucoup *l'eſſai Philoſophique ſur l'ame des Bêtes:* * elle en admiroit la ſolidité, & chaque propoſition, quoique deſtituée de preuves lui paroiſſoit une Demonſtration. ,, Qu'on eſt redevable à cet ,, Auteur, me dit - elle d'un ton ,, fort animé! Qu'on lui eſt rede- ,, vable d'avoir attaqué avec tant

de

Turba tacet : nec Cauſſidicus, nec Præco loquatur; Altera nec mulier : verborum tanta cadit vis Tot paritur pelves, tot tintinnabula dicas Pulſari. Juvenal Sat. VI. vſ, 437.
* Cet ouvrage fut imprimé à *Amſterdam* chez *Changuion* l'année derniere 1728.

„ de force le fisteme de Descartes,
„ & celui de Bayle, sur l'ame des
„ Bêtes! Le premier, en soutenant
„ que les Animaux qu'on nomme
„ vulgairement irraisonnables, sont
„ de pures machines, semble don-
„ ner lieu de douter de l'existence
„ de nôtre ame; & le second, en
„ avançant que l'Ame des Bêtes,
„ est semblable à la nôtre, *a por-*
„ *té*, comme le dit fort bien l'Au-
„ teur, *à la Religion & à la mo-*
„ *rale les coups les plus dange-*
„ *reux. Clorinde* s'echauffoit en
son harnois, & elle auroit dit bien
d'autres impertinences; mais je
l'interrompis un peu brusquement,
pour lui faire remarquer que le Philosophe dont elle prenoit le parti si
fort à cœur; & qu'elle citoit avec
complaisance, auroit dû eviter de
donner prise sur lui même du coté
de la Religion & de la morale:
„ car, lui·dis je, outre qu'il ne
„ prouve rien contre les deux
grands

,, grands hommes qu'il attaque *,
,, il mene ſes Lecteurs droit à l'im-
,, pieté : & il ne tient pas à lui
,, que nous ne doutions de l'im-
,, mortalité de nôtre ame †. Mais,
con-

* 1. L'Auteur de *l'Eſſai Philoſophique* ne prouve rien contre Deſeartes. *Il avoüë que Dieu peut produire une machine qui, ſans la Direction d'une Ame qui lui ſoit unie, execute tout ce qu'on voit faire aux Bêtes,* & au commencement du Chap. VI. il confirme cet aveu. Pour dire enſuite quelque choſe de ſolide, il faudroit prouver que Dieu n'a pas fait, ce qu'il peut faire à cet egard. Or, l'auteur ne le prouve point, & même il eſt impoſſible de le faire.

2. Bien loin de refuter Mr. Bayle, il rentre dans le ſiſteme de cet Auteur; car ces *differen-ces ſpecifiques* que l'auteur de *l'eſſai* etablit entre les eſprits, n'etant point eſſentielles, l'ame des Bêtes ne peut être eſſentiellement diſtinguée de celle de l'homme, & c'eſt-là tout ce que Mr. Bayle a voulu dire.

† Dans le Chapitre XII. de l'Eſſai Philoſo-phique, on etablit l'Ame des Bêtes eſt mor-telle, & cela après avoir prouvé qu'elle eſt Spirituelle. Si les preuves de la Spiritualité de l'Ame des Bêtes, ſont ſolides, ce qu'on n'a-voüë pas, elles detruiſent la principale preuve de l'Immortaïté de nôtre ame: preuve qui eſt tirée de ſa Spiritualité. Il eſt vrai que, pour voiler cette impieté, il eſſaye de donner de
puiſ-

,, continuai-je d'un ton un peu ra-
,, douci, & qui laiſſoit entrevoir
,, l'Ironie, je gage que j'ai deviné
,, la raiſon qui vous engage à de-

fen-

puiſſantes raiſons comme il les appelle, pour croire nos ames immortelles, qui, dit-il, ne ſçauroient avoir lieu pour celles des Bêtes. Mais quelles, ſont elles ces puiſſantes raiſons? je ne les raporterai point ici: on peut conſulter l'ouvrage ou elles ſont deduites; & on reconnoîtra, ſans peine l'egarement & l'embarras de l'Auteur. Si ſon principe de la ſpiritualité de l'Ame des Bêtes eſt vrai, toutes ces puiſſantes raiſons ſont applicables aux animaux qui ont vie, puis qu'il avouë lui-même que *l'immaterialité de l'Ame eſt un fondement ſur lequel il faut bâtir ; ſi l'on veut prouver ſon immortalité, par les lumieres naturelles.* Ou ce fondement eſt ruineux, ou bien il eſt applicable aux ames des bêtes comme à celles des hommes, ſuivant les principes de l'Eſſai Philoſophique. Mais, pour rendre plus ſenſible l'impieté du ſiſteme de cet Auteur, reduiſons le en forme de ſillogiſme.

On eſt ſûr de l'immortalité de l'ame par ſon immaterialité:

Mais, les Ames des Betes ſont mortelles quoiqu'immaterielles, & qu'il n'y ait point de differences eſſentielles entr'elles & celles des hommes.

Donc, *à Pari.*

La Conſequence coule deſource.

„ fendre fon fifteme avec tant de
„ chaleur. Expliquez-vous, me
„ dit elle. Très volontiers, Ma-
„ dame, repondis-je: voici, pour
„ vous fatisfaire ce qui me vient
„ dans la penfée. Surquoi l'Auteur
„ de L'effai Philofophique fe fon-
„ de-t'il pour foutenir que l'ame
„ des Bêtes eft mortelle, bien
„ qu'elle foit fpirituelle ? Ce ne
„ peut être que fur les differences
„ fpecifices des efprits ; differen-
„ ces qu'il a imaginées *gratis*. Or,
„ ces differences ne confiftent, fe-
„ lon lui, que dans le plus ou le
„ moins d'etenduë d'idées. Ainfi,
„ Madame, vous trouvez votre
„ compte dans un fifteme qui vous
„ affure de l'immortalité à la quel-
„ le un Païfan, par exemple, ne
„ peut point pretendre, car fes
„ idées étant très-bornées, il eft
„ confondu avec les Bêtes; au lieu
„ qu'une perfonne auffi fpirituelle
„ & auffi fçavante que vous l'etes

eft

,, eſt diſtinguée de toutes les au-
,, tres creatures, par la plus belle,
,, & la plus avantageuſe, preroga-
,, tive qu'on puiſſe deſirer. "
Notre converſation s'echauſſa
beaucoup ſur cette matiere, mais
je trouvai tant d'obſtination dans
Clorinde ; & je lui parlai ſi peu re-
ſpectueuſement de *ſon Philoſophe*
qu'enfin nous nous quittames fort
mal ſatisfaits l'un de l'autre, & je
ſortis de ſa nombreuſe Bibliotheque, très-convaincu que la ſcience
des Femmes n'eſt autre choſe qu'un
grand entêtement, ſoutenu d'une
imagination vive qui charme les genies ſuperficiels, & qui ne veulent
pas ſe donner la peine de rien approfondir. L'experience me con-
vainquit en ce rencontre,, *qu'il y
,, a des gens qui gagnent à etre
,, extraordinaires : ils voguent, ils
,, cinglent dans une mer ou les au-
                              tres

* La Bruyere.

„ tres échouent & se brisent; ils
„ parviennent en blessant toutes
„ les regles de parvenir; ils tirent
„ de leur irregularité & de leur fo-
„ lie tous les fruits d'une sagesse la
„ plus consommée . . . . Les
„ Connoisseurs, ou ceux qui se
„ croient tels, se cantonnent & se
„ divisent en des partis contraires,
„ dont chacun, poussé par un tout
„ autre interêt que celui du public
„ ou de l'Equité, admire un cer-
„ tain Poëme, ou une certaine
„ musique, & sisle toute autre.

CHAPITRE X.

Du Secret.

SI l'on avoit aſſez de force d'eſ-prit, & que l'on fut aſſez maitre de ſes paſſions pour garder le ſecret, il y auroit bien moins de deſordres dans la Societé civile. Mais par malheur, notre nature eſt la foibleſſe même. Nons nous con-fions à des gens qui ne cherchent qu'à nous *tirer les vers du Nez* pour mettre à profit, aux depens de leur honneur, les aveux que nous leur faiſons ou ſur nôtre comp-te, ou ſur celui des autres. Le ſe-cret eſt, pour les ames foibles, un peſant fardeau dont elles ſe dechar-gent, ſouvent ſans faire attention aux conſequences fachéuſes de leur indiſcretion. Nous nous plaignons

ainéaméremént de leur infidelité , & nous les accusons de trahison ; cependant nous sommes les plus coupables, puis que nous nous sommes trahis les premiers. Nous ne pouvons vivre sans avoir un Confident : he! pourquoi n'auroit-il pas le sien? Ennemis jurés de la contrainte, nous cherchons d'abord à nous mettre à notre aise. Nous voulons nager en pleine eau ; & , suivant cette fausse maxime, qu'*on ne doit avoir rien de caché pour ses amis*, nous laissons voir à decouvert le fonds de notre cœur à ceux que nous croyons tels, & par ce moien, tout se fait. *Le secret*, dit l'Abbé de *Varennes* , * *passant ainsi des uns aux autres, va se rendre au Public comme à son centre.* Nous nous apercevons alors, mais trop tard, que ce que nous avions le plus interêt de cacher est connu de

tout

* *Les hommes chap. XI.*

H

tout le monde. Desorte que la prudence veut que nous ne faſſions
d'autres confidences que celles qui
ne peuvent nous etre nuiſibles. Elle
nous oblige encore à vivre avec
nos meilleurs amis comme avec
gens qui peuvent devenir nos Ennemis. Cette maxime, dira-t'on,
ne peut ſortir que de la bouche
d'un Jeſuite. Patience! On auroit
raiſon de la cenſurer, comme inju-
rieuſe à l'amitié, s'il etoit poſſible
de trouver de veritables amis. Il
eſt vrai que dans le monde, on ſe
fait de grandes civilitez, des offres
reciproques de ſervice : on ſe donne la main ; mais, c'eſt pour ſe trahir : car,

> Sacrifier à ſa fortune
> La juſtice, les loix, & la fidelité ;
> Mepriſer les devoirs de la ſocieté,
>   Quand on nous voit dans l'infortune :
>
> Railler aux depens de l'honneur,
> Etre Politique & flatteur,

Se faire un jeu de l'imposture;
Mettre l'heureux du siécle ou deſſus du Heros,
Louer, blâmer mal à propos,
Se venger de la moindre injure:

Promettre & rarement tenir;
Etre Civil, mais peu ſincere,
Baiſer celui qu'on veut trahir:
Sous le masque trompeur d'une vertu ſevere;
Empoiſonner la plus pure vertu,
Dans le pauvre impuiſſant voir le moin-
dre fêtu:

Servir le crime heureux, & chercher à lui plaire,
Adorer les vices des Grands,
C'eſt là le Caractére
Des Amis de ce tems.

Sans hyperbole, ſans figure;
La candeur n'eſt plus qu'à bas prix;
L'amitié change de nature.
Le plus grand des malheurs c'eſt d'avoir des
amis.

Des faux amis s'entend; & il
n'y en a presque pas d'autres. C'eſt
ce que n'ignoroit pas Socrate, dont
Mr. La Fontaine a joliment rendu
la penſée par ces vers:

Socra-

> Socrate un jour faisant bâtir
> Chacun censuroit son ouvrage,
> L'un trouvoit les dedans, pour ne lui point
> mentir
> Indignes d'un tel personage :
> L'autre blâmoit la face, & tous etoient d'avis
> Que les appartemens en etoient trop petits.
> Quelle maison pour lui ? l'on y tournoit à peine.
> Plut au Ciel que de vrais amis
> Telle qu'elle est, dit-il, elle pût etre pleine !
> Le bon Socrate avoit raison
> De trouver pour ceux là trop grande sa maison
> Chacun se dit ami ; mais fou qui s'y repose,
> rien n'est plus commun que ce nom,
> Rien n'est plus rare que la chose.

Du moins, me dira-t'on, un homme peut bien le confier à sa Femme. On ira même jusqu'à pretendre qu'il le doit faire absolument. Mais, non : il est de la Sagesse des hommes de se defier de la foiblesse des Femmes. Elles ont tant de plaisir à babiller qu'elles disent indifferemment tout ce qu'elles savent, & souvent ce qu'elles ne savent pas. En un mot, elles

ne

ne tiennent secretes que les choses qui les deshonnoreroient si elles les publioient.

Plus une Femme est insinuante, plus elle a d'adresse pour penetrêr les secrets de son mari, & plus il doit etre sur ses gardes. Que fait-on, s'il n'y a pas encore des Grands qui, à l'exemple d'Auguste, couchent avec les Femmes des autres, pour decouvrir des secrets d'importance; car une Femme, dans ses transports amoureux, n'a rien de caché: &, tôt ou tard, elle fera perir son Mari, même sans y penser, s'il est assez imprudent pour lui apprendre des choses dont dependent sa liberté, sa vie ou son honneur. Toutes les histoires fournissent des preuves de l'infidelité des Femmes; preuves qui ne nous permettent pas de douter un moment de cette verité. Mais entre mille que je pourrois raporter, si je voulois faire un ouvrage de Mar-

 que-

queterie, j'en choisis un seul exemple, tiré de l'Ecriture sainte. Samson, après avoir triomphé plusieurs
fois de ses Ennemis, perit enfin
par les artifices de Dalila, sa maîtresse, à qui il eut la foiblesse de
faire un aveu qui lui couta la vie,
après avoir essuyé une infinité de
mauvais traitemens. Il avoit resisté
long-tems ; mais, vaincu par les
Cajolleries de cette Femme, il lui
avoua que sa force etoit dans ses
cheveux. *Dalila*, au comble de sa
joye, d'etre depositaire de cet im-
portant secret, le communiqua
aux *Philistins*, qui lui promirent
de grandes recompenses, si elle
leur livroit Samson. Un jour qu'elle le combloit de politesses & de
douceurs, à son ordinaire, elle le
fit endormir sur ses genoux. Sur
le champ, elle lui coupe les cheveux, & le remet entre les mains
de ses Ennemis. Tout le monde
sçait la suite de cette histoire:
je

paſſe à une autre reflexion.

Experience faite : une Femme en colere, ſçut elle des choſes capables de faire perir ſon Mari par la main d'un Bourreau, elle les lui reprochera à haute voix. Ainſi accoutumons nous, à ne decouvrir à qui que ce ſoit, pas même à nos propres Femmes, & peut être encore moins à elles qu'à toutes autres perſonnes, que ce que nous voulons bien que tout le monde ſache ; car, ſi nous avons la foibleſſe de leur dire tout, il vaudroit autant payer le Crieur public, pour divulguer nos ſecrets dans tous les Carrefours de la ville.

* Tout le monde connoit leur imperfection,
Ce n'eſt qu'extravagance & qu'indiſcretion ;
Leur eſprit eſt méchant & leur ame fragile,
Il n'eſt rien de plus foible & de plus imbecile,
Rien de plus infidèle, & malgré tout cela,
Dans le monde, on fait tout pour ces animaux là.

* Moliere.

H 4

CHA-

CHAPITRE XI.

De la Beauté, & de la parure. Reflexions sur les Modes.

LA mort ne respecte personne. Elle foule egalemēt à ses pieds les Rois, & les derniers de leurs Sujets. Riches & pauvres, jeunes & vieux, tous obéïssent à ses loix; & elle met le dernier des hommes à niveau du plus grand Prince. Tristes reflexions pour les Femmes qui comptent sur leur Beauté. Il faut pourtant en venir là. Ou la mort dissipe les agrémens d'un beau visage, en reduisant le corps le mieux fait, & dans sa plus florissante jeunesse à servir de pâture aux vers; ou bien l'age desfigure les traits de la plus belle personne du monde. Dans ce dernier

Etat,

Etat, il ne reste aux Femmes que
le facheux souvenir de ce qu'elles
ont eté :

On voit bien qu'à la fin de la saison cruelle
La nature se renouvelle,
Et reprend du Printems les superbes atours ;
Et qu'après que la nuit a repandu ses ombres
Le bel Astre des Cieux perce ses voiles sombres,
Et vient recommencer son cours.

Mais lorsque la beauté gemit sous les années,
Les inflexibles destinées
Ne la delivrent point d'un joug si rigoureux;
Elle ne revient plus à la saison nouvelle,
Et le triste manteau d'une nuit éternelle
Cache sa lumiere à nos yeux.

Que direz-vous, Iris quand la nouvelle
Image
De votre difforme visage
Peinte dans un miroir vous remplira de peur;
Quant ne vous trouvant plus à vous même
semblable,
Vous croirez contempler un fantôme
effroïable
En contemplant votre laideur?

H 5 Sans

Sans doute qu'alors, vous aurez recours au fard, & vous tacherez de niveler, par mille fortes d'ingrediens, les rides & les creux de votre vifage.   Votre fein de lys & de rofes ne fubfiftant plus, vous y fuppléerez par des couleurs etrangeres : mais foyez perfuadée que tout l'art du monde ne peut reparer les injures des ans.

Car de quelque fecret dont ce trompeur fe vante,
Jamais de la Beauté mourante
Ses efforts ne fauroient r'animer les appas ;
Et quand le cours des ans l'a mife à l'agonie,
Bien loin de lui donner une feconde vie,
Il en avance le trepas.

Un peu de bon fens, apprendroit aux femmes qu'elles ne doivent point s'enorgueillir de la poffeffion d'un bien fi fragile qui peut leur être enlevé, même avant la vielleffe, par la moindre maladie, par la petite verole, ou par mille autres accidens.

Ou-

Ouvrez donc votre oreille à des conseils si sages,
Eloignez ces pensers volages,
Les frivoles desseins, & les jeunes desirs;
Detachez votre cœur de vos attraits fragiles
Et meprisant ces fleurs en epines fertiles,
Cherchez les solides plaisirs.

Mais quels sont ils ces *Plaisirs solides?* On ne les trouve point sur la Terre. Tout ce qui est sous le Soleil est sujet au changement, il faut donc s'occuper de meditations serieuses & frequentes sur les Biens avenir. Toutes réflexions faites, on ne doit pas plus compter sur la Beauté que sur les biens de la Fortune.

Les femmes, ou pour donner plus d'éclat à leur beauté, ou pour suppléer à ce qui leur manque de ce côté-là, ont recours à la parure. Je vois Lucinde, par exemple, qui passe des trois ou quatre heures, entieres à se coëffer, ou à se decoëffer, jusqu'à ce que son miroir lui dise qu'elle à réussi à se bien mettre.

El-

Elle conclut de cette approbation qu'elle eſt dans un Equipage propre à faire des Conquêtes. Elle s'éxerce pendant quelques heures aux grimaces qu'elle doit faire dans les compagnies ou elle ſe trouvera, pour fixer ſur elle l'attention de *Plancus*. C'eſt à cela qu'aboutiſſent tous les ſoins qu'elle prend pour ſe donner un petit air de Coqueterie qui lui convient infiniment mieux que celui de la Devotion, étant auſſi ennemie qu'elle l'eſt de la Regularité. Mais, y penſez-vous *Lucinde* ? Quoi ? vous etalez ſur votre perſonne avec tout l'art imaginable, les plus belles pierreries qui ſoient dans votre caſſete; les plus belles dentelles que vous avez pû trouver ? le plus beau linge de *Hollande* ? les plus riches Etoffes des Gobelins? He! pourquoi le faites vous? Eſt-ce pour plaire à Dieu ? vous n'ignorez pas, ſans doute, que c'eſt au contraire le moyen de

vous

vous rendre l'objet deſon indignation. Vous Liſez quelquefois l'Ecriture Saintë : n'y avez vous donc pas remarqué l'ordre que les Apotres S. Pierre* & S. Paul † on donné aux Femmes de s'orner de bonnes œuvres, & non pas de Pierreries, & d'entortillemens de Cheveux ? Pouvez vous eluder la force de ce Precepte, & pouvez vous n'y pas voir votre condamnation ? faudroit-il donc que, pour obliger les Femmes à obſerver les loix du Chriſtianisme à cet egard, faudroit-il, que tous les Etats imitaſſent les ſages Reglemens de la Republique de Geneve ? Oui : il le faudroit, puis que la Religion ne peut faire chez vous une Reforme ſi neceſſaire pour votre ſalut ; & ſi avantageuſe au bien public.

* I. Epitre de S. Pier. Ch. 3. vs. & 4.
† I. Epitre de S. Paul à Timothée Ch. 2. vs. 9. & 10.

blic.* Par la prudence des Magiſtrats
de Geneve , on ne voit point regner
dans cette illuſtre & floriſſante ville,

*Des Caurres dans ſee œuvres morales de l'E-
dition de Paris en; 1575. a imploré l'autorité du
bras ſeculier , contre l'excès des parures des femmes de ſon tems. Voici ce qu'il en dit : Supplions
que toutes les femmes & filles s'accouſtrent
auſſi honneſtement, avec une honte & ſobrie-
té, ſans tortillonemens de cheveux, ne bagues
d'or & d'argent , perlés ne autres habits pre-
cieux. Mais tant s'en fault, Mes Dames, (qui
prenez plaiſir à cela) que vous veulliez ſuivre
ce Conſeil de Mr. S. Paul, qu'en deſpit qu'il
en parlé, vous en porterez en votre confuſion
& damnation, ſi Dieu ne vous fait la grace de
vous en retirer. Il eſt autant poſſible de vous
detacher de vos parures que d'attacher la Lu-
ne aux dents, ſi Meſſieurs de juſtice ne prennent cette matiere à cœur. Car la chair & le
ſang vous aveuglent ſi fort que vous ne craignez Dieu ne Diable, pour predication qu'on
vous faſſe : dont, comme diſoit Notre Seigneur, aux Juifs, vous mourrez en votre orgueil & vaine gloire, ſi vous n'en faites penitence. Il faut, veuillés ou non, que vous dé-
tortilloniez , déchauve-fouriſſez , derétiez ,
c'eſt à dire, ne portiez plus en aîles de Chau-
ve-ſouris, ou en façon de Rets vos cheveux
par les quels pretendez prendre diaboliquement,
& enfiler les hommes, pour raſſaſier vôtre de
ſordonné appetit : ou bien que vous ſoyez per-
duës & damnées.

le, la Tyrannie des modes. Il eſt
defendu aux Dames, ſous peine
d'une amande pecuniaire, d'y porter des Robes volantes, dont l'u-
ſage eſt ſi commun par tout ailleurs, des Etoffes à fleurs, des dentelles au deſſus d'un certain prix,
&c. Je l'avoue, j'ai ſouvent admi-
ré cette louable precaution, qui
enrichit les Particuliers, & qui les
met ainſi dans une ſituation à pouvoir fournir abondamment aux be-
ſoins de l'Etat. Et ce qui m'a le
plus frapé, c'eſt que vous n'entendez perſonne ſe plaindre de ces
loix. On les pratique d'inclination,
& il ſemble que les Dames de diſtinction n'ayent rien tant à cœur
que de ſurpaſſer leurs egales, en
modeſtie. En un mot, la France qui
confine aux Territoire de cette ville, n'a pû encore y introduire la
folie des modes, qui rendent nôtre
Nation ridicule, en faiſant paroître
ſon inconſtance dans la maniere de
s'ha-

s'habiller. Il y a vingt ans que les Femmes etoient ensevelies dans leurs Coeffures; & aujourd'hui elles les portent si petites qu'à peine les aperçoit-on sur leurs, têtes. La petite Bourgeoise à frondé pendant quelque tems cette jupe monstrueuse par sa largueur, mais après avoir ri, elle s'y est logée elle même. La meilleure partie de la Politesse consiste à suivre le torrent bisarre de la mode. „ Nous vivons „ tous dans l'Esclavage. Loin de „ dependre de nous-mêmes, nous „ dependons très-souvent de cer-„ tains caprices grossiers, & in-„ dignes de la Raison. Peut être „ que si nous les apercevions dans „ les Bêtes, nous ne les leur par-„ donnerions pas. Mais de tous les „ Esclavages le plus ridicule & le „ plus mauvais c'est le desir conti-„ nuel de changer de modes. „ A peine un usage en a-t'il detruit un autre qu'il cede lui-même à quel-

que

que chofe de plus nouveau & de
plus frappant.

Je ne trouve rien de plus judicieux que les idées de *Juvenal*,
lorfqu'il nous reprefente une Dame
à fa toilette, & une Femme de
Chambre à coté d'elle, & toute
en dèfordre, n'aiant encore pû
trouver le tems de s'habiller. Quelqu'attion que cette pauvre creature
apporte à parer l'Idole, elle n'y
peut réuffir. ,, Ah! que vois-je!
,, s'ecrie tout d'un coup fa maîtref-
,, fe; que faites vous? Impertinen-
,, te que vous etes; eft ce là tout
,, ce que vous en favez? Que je
,, fuis malheureufe! une boucle de
,, cheveux qui paffe plus que les
,, autres! Elle ne fe poffede pas,
,, & elle bat cette fille pour la pu-
,, nir du crime d'un cheveu qui ne
,, fe laiffe point frifer. Eh! Ma-
,, dame, s'ecrie là deffus le Poëte,
,, devez-vous vous en prendre à el-
,, le, fi vous n'etes pas contente

„ de votre nez, que ne ceſſe de
„ vous repreſeuter une glace trop
„ fidèle?

„ Cependant, continuë cet Au-
„ teur, on appelle une autre Fem-
„ me de Chambre pour reparet
„ la faute de la premiere. Celle-
„ ci peigne la Dame & la friſe de
„ nouveau. Tout étant fait, on
„ aſſemble toutes les filles de la
„ Maiſon, entre lesquelles paroit
„ une vieille Gouvernante, qui
„ n'a plus d'autre metier que de
„ filer. On tient Conſeil, la vieille
„ opine la premiere, & chacune
„ enſuite, ſelon ſon âge & le
„ gout que l'experience lui a don-
„ né. On diroit-qu'il s'agit ici de
„ l'honneur & de la vie même
„ de la maîtreſſe du Logis. Mais
„ telle eſt la folie des Femmes de
„ ne rien eſtimer de plus impor-
„ tant que ce qui peut contri-
„ buer à les faire paroître plus bel-
„ les. "

CHA-

CHAPITRE XII.

Du Mensonge.

CEux qui se piquent de la plus scrupuleuse sincerité ne sont pas toujours si exacts sur ce point qu'il ne leur arrive quelquefois de s'exprimer, de propos deliberé, d'une maniere qui ne repond pas à ce qu'ils ont dans l'Esprit, & c'est ce qui s'apelle mensonge, en morale rigide. Mais, comme je fais profession d'être plus accomodant, il me semble * que l'on ne ment pas „ toutes les fois qu'on parle d'une „ maniere qui n'est pas conforme „ ou aux choses, ou à nos pen- „ sées . . . . sur ce pié-là, il ne

I 2   faut

* Puffendorff devoirs de l'homme, &c.
l. I. C. 10. vf. 7.

„ faut point accuſer de menſonge
„ ceux . . . . qui inventent quel-
„ que choſe de faux pour une bon-
„ ne fin, dont ils ne ſauroient ve-
„ nir à bout ſans cela . . . . . Mais
„ toutes les fois que l'on eſt dans
„ une obligation manifeſte, de
„ decouvrir ſes penſées à autrui fi-
„ delement & ſans détour, on ne
„ ſauroit, ſans crime, ni ſuppri-
„ mer une partie de la verité, ni
„ uſer d'Equivoques, ou de reſ-
„ trictions mentales. „ Voilà un
principe que nous dicte la Conſcience, independemment de la
Revelation, qui encherit encore
ſur cette idée. Elle nous apprend
que Dieu étant la verité même,
hait ſouverainement le menſonge, que les menteurs ſont enfans
du Diable, & que la perdition,
c'eſt à dire, les peines eternelles
de l'Enfer ſeront leur partage.

En effet, le menſonge eſt quelque choſe de ſi odieux, à ne le
con-

considerer même que par les lumieres naturelles, & il est si contraire
à l'idée que nous avons de l'honnête homme, qu'un certain sentiment, pris du fonds même de cette idée, & qu'on ne peut definir,
bien qu'il soit fort sensible, nous
fait bouillir le sang dans les veines
quand on nous donne un démenti.
Nous regardons cela comme un des
plus sanglans affronts qu'on puisse
nous faire: nous voulons en avoir
satisfaction, souvent même au pe-
ril de notre vie. N'est ce pas là une
preuve bien sensible que le mensonge est un vice des plus grands
& des plus abominables aux yeux
de Dieu? Puis qu'on regarde dans
le monde un démenti comme un
attentat à son honneur, n'est-il
pas naturel d'en conclurre, qu'en
mentant, on tombe dans l'infamie?

Quelques Philosophes Païens,
ont regardé le mensonge comme

un vice puniſſable, & comme une
peſte dans la Societé civile. Platon,
donnant en cela dans une extremité oppoſée au Siſteme de certains
Moraliſtes de nos jours, etoit de
cet avis. Selon ce Philoſophe *, il
n'eſt permis de mentir qu'à ceux
qui ſont chargez du Gouvernement
d'un Etat ; encore faut-il qu'ils ne
le faſſent que pour le bien public.
Et tout autre qu'eux doit s'abſtenir
de mentir. Si un Sujet, ſoit Ar-
tiſan, Medecin ou autre, ment
à ſon Prince, il doit être puni.

Si un Païen a fait paroître
tant d'horreur du menſonge, quels
ne devroient pas être à cet egard
les ſentimens d'un Chrêtien, inſtruit dans la loi de Dieu? Neanmoins ou ment de gaïeté de
cœur, tous les jours, à toute
heure, & à tout moment. Il n'y a
point

* Lib. III. de Republicâ.

point de defaut plus commun
que le menfonge : c'est beaucoup
fi dans les converfations ordinai-
res, il fe debite deux veritez parmi
trente fauffetez. Ignore-t'on que
lors qu'on s'eft acquis la reputation
de Menteur, on ne trouve plus de
creance, lors même qu'on dit une
verité ? * On a lieu de s'étonner
que ce vice foit fi commun parmi
nous: mais ce qui furprend encore
bien plus, c'eft qu'il eft presqu'im-
poffible de plaire aux Femmes,
fans être Menteur. Il faut être re-
vêtu de cette infamante qualité,
& la faire valoir methodiquement
pour être bien venu auprès de *Do-
ronthe*. Il faut, aux depens de la
verité, flatter fon orgueilleufe pre-
fomption, & fatisfaire en même
tems la haine qu'elle a conçuë contre

* *Ariftoteles interrogatus*, quid nam mendaces
lucraventur ? ut cum vera, *inquit*, dixerint,
non illis credatur. Diogen. Laërce l. 5. n. 37.

tre telles & telles Demoiselles qui ont eu la vanité de disputer avec elle du prix de la Beauté, ou des agrémens du corps & de l'Esprit.

Sylvie ment en perfection. Ecoutez-là un moment, elle vous apprendra qu'elle descent en droite ligne d'un Seigneur très-consideré à la Cour de France sous le regue de François I. Peu s'en faut même qu'elle ne fasse remonter sa Genealogie jusqu'autems de *Pharamond* qui fonda la Monarchie *Françoise*. Elle vous fera connoître tous ses Ancêtres par leurs noms & surnoms. Elle sait tous leurs titres, & les belles actions qui les ont rendus recommandables. Vous seriez tenté de la croire sur sa parole, si je ne vous apprenois ici en confidence que son Ayeul etoit Marchand de dentelles.

Alippe, menteur en titre d'office, est le Confident de *Sylvie*. On

dit

dit même qu'il l'epousera quoi qu'il n'ait , pour tout merite & pour tous biens qu'une Noblesse assez ancienne. Ne sera-t'il pas bien recompensé des louanges qu'il a prodiguées mal à propos à Syl-vie ? Comment seroit il possible après cela qu'il n'y eut pas des Menteurs? Tous, me direz-vous, n'ont pas le même bonheur qu'*A-lippe.* J'en Conviens, mais aussi faut-il avouer avec Mr. *Bayle* que tous ceux qui mentent pour flater les autres y trouvent presque de toujours de grandes douceurs. „ Ils se font des amis qui payent „ quelquefois leurs louanges , ar-„ gent comptant , ou bien qui „ leur rendent service quand l'oc-„ casion s'en presente, ou à tout „ le moins qui leur rendent louan-„ ges pour louanges. Au pis al-„ ler, ils se font une secrete joye „ de voir la credulité de ceux

I 5

qu'ils

„ qu'ils louent , & d'eviter leur
„ indignation; car il y a des gens
„ qui ne pardonnent jamais à
„ ceux qui leur epargnent l'en-
„ cens. "

Je ne puis quitter encore *Alippe*
pour ce que j'en ai dit, car il faut
tracer son Portrait : Il est si offi-
cieux dans ses mensonges, qu'il dira quelquefois à *Sylvie* qu'une autre en a parlé avec de grands elo-
ges, & qui plus est lui a donné la
preference sur un trait de beauté,
pour lequel on l'admire elle même.
C'est ainsi que ses mensonges pro-
duisent par toute la ville la plus
plaisante confusion que l'on se puisse imaginer. On voit rendre une
visite au bout de six mois qu'elle
est duë, & après qu'on s'est bien
dechiré de part & d'autre durant
tout ce tems.

CHA-

CHAPITRE XIII.

De la Medisance & de la Calomnie.

Eux vices affreux, la Medisance & la Calomnie, regnent aujourd'hui dans le monde : Vices encore plus abominables aux yeux de Dieu, que le mensonge, & qui sont très-severement condamnez dans l'Ecriture. Medire, c'est publier les defauts réels d'une personne : Calomnier, c'est lui en supposer qu'elle n'a point.

La Medisance, suivant la definition qu'en donne *Theophraste, est une pente secrete de l'ame, à penser mal de tous les hommes, laquelle se manifeste par les paroles.* Ainsi les Femmes étant fort vaines & fort envieuses, elles excellent dans l'art de medire. Pourvû qu'on

n'use

n'ufe pas de repraifelles à leur
égard, elles aiment aufli beaucoup
à entendre parler mal des autres
Femmes, & fur tout de celles qui
font en concurrence de beauté,
ou d'efprit, ou de credit, ou de
rang, de quelque maniere que
ce puifle être, avec celles qu'on
frequente. „ Il ne faut donc pas,
„ dit Mr. Bayle, leur rendre vifi-
„ te, fans favoir quelque hiftoire
„ dèfavantageufe de ces autres-là,
„ & de ceux qui ont accoutumé
„ de les voir. Si l'on n'en a point
„ apprifes, qu'on en invente, car
„ il faut ou favoir medire, ou re-
„ noncer à la profeffion de galant
„ homme. C'eft pour cela qu'on
„ remarque qu'il n'y a point de
„ lieu au monde, ou la medifance
„ regne tant, que dans ceux ou
„ les deux Sexes font toujours en-
„ femble, non feulement par ce
„ que cette familiarité fait naître
„ mille incidens qui donnent fujet

de

„ de cauſer, mais auſſi parce que
„ les hommes apprennent dans
„ cette école tous les rafinemens
„ de cet art. ”

Il eſt bien difficile d'être mediſant, ſans être calomniateur. On
aime à groſſir les objets, & rarement on parle au deſavantage de
quelqu'un, ſans y ajouter certaines
circonſtances aggravantes , qui
n'ont pas le moindre fondement.

Cenophile, en ſortant de l'Egliſe
ou elle vient d'entendre un Sermon
contre la mediſance , louë extremement le Predicateur, & en même tems, s'adreſſaut à ſa voiſine,
avez vous remarqué Dalithere, lui
dit-elle. Qu'elle eſt coquette! N'at'elle pas honte de porter un habit
de ſoye? Si vous ſaviez de quelle
maniere elle vit, vous en fremiriez, & qui pis eſt, elle eſt à la
charge du C * * *, tandis que tant
d'honnêtes gens languiſſent, & ſe
tuent de peines pour elever leurs
famil-

familles. Voilà ce qui s'appelle medifance : Cenophile ajoute que Dalithere eft enceinte de fix mois, c'eft calomnie. Euchariste, vrai Mifantrope, qui femble né pour tour dire, tant il eft fincere, & qui brufque toutes les regles de la bienfeance, *Eucharifte*, dis-je, temoin de cette converfation, dit affez haut : hé! *Cenophile*, à quoi penfez vous, de dechirer ainfi la reputation de la pauvre *Dalithere*? Savez vous bien que plus de dix Demoifelles de vos meilleures a-mies, m'ont affuré que vous étiez fur le point d'accoucher. Je connois pourtant à votre taille qu'il n'en eft rien. Mais d'autres difent que vous avez deja franchi ce mauvais pas, & ajoutent même que le fruit de vos crimes eft à cent pas de votre Porte; qu'ils l'ont vû, & qu'ils ont parlé à la Nourrice. Dites moi, Cenophile, fi c'eft être medifant ou Calomniateur de parler ainfi?

si ? Une personne qui fait metier de parler mal de tout le monde, trouve toujours nouvelle matiere pour exercer sa langue, bien souvent aux depens de gens qu'il ne connoit pas. Tantôt on se jette sur la Genealogie, tantôt sur les mœurs, & quelquefois sur les defauts naturels que nous ne pouvons corriger. *Basilide* entre dans le detail du menage de *Bastinde*. Elle sait tout ce qui s'y passe, & l'apprend à qui veut l'entendre; elle ajoute beaucoup de choses de son propre fonds, à ce qu'elle dit de réel. En un mot elle se fait gloire de medire.

Pour achever, ou perfectioner le Portrait d'un medisant, il ne faut que raporter ce qu'en a ecrit *Theophraste*, „ Si on l'interroge sur que-
„ qu'autre, dit-il, & que l'on lui
„ demande quel est cet homme?
„ il fait d'abord sa genealogie: son
„ Pere, dit-il, s'appelloit *So-*

sie

,, *sie* *, que l'on a connu dans le ser-
,, vice & parmi les troupes sous le
,, nom de *Sosistrate*, il a eté Affran-
,, chi depuis ce tems & reçu dans
,, l'une des †. tribus de la ville;
,, pour sa mere, c'etoit une noble
,, *Thracienne* ‡, car les Femmes
,, de *Thrace*, ajoute-t'il, se pi-
,, quent la plupart d'une ancienne
,, noblesse; celui-ci, né de si hon-
,, nêtes gens, est un scelerat, &
,, qui ne merite que le Gibet; &
,, retournant à la mere de cet
,, homme qu'il peint avec de si
,, belles couleurs, elle est, pour-
,, suit-il, de ces Femmes qui epient
,, sur les grands chemins ⊥. les jeu-

nes

*. C'etoit chez les Grecs un nom de valet
ou d'Esclave.

†. Le Peuple d'Athenes, ainsi que celui de
l'ancienne Rome, etoit partagé en diverses
Tribus.

‡. Cela est dit par derision des Thraciennes
qui venoient dans la Grece pour être servantes, & quelque chose de pis.

⊥. Elles tenoient hotellerie sur les grands
chemins ou elles se mêloient d'infames com-
merces.

nes gens au paſſage , & qui ,
, pour ainſi dire les enlevent & les
, raviſſent. Dans une compagnie
, ou il ſe trouve quelqu'un qui par-
, le mal d'une perſonne abſente ;
, il releve la converſation ; je ſuis ,
, lui dit-il , de vôtre ſentiment ,
„ cet homme m'eſt odieux , & je
„ ne le puis ſouffrir ; qu'il eſt in-
„ ſupportable par ſa Phiſionomie !
„ y a-t'il an plus grand fripon , &
„ des manieres plus extravagantes ?
„ ſçavez vous combien il donne à
„ ſa Femme pour la depenſe de
„ chaque repas ? trois aboles * &
„ rien d'avantage ; & croiriez-
„ vous que dans les rigueur de
„ l'hyver & aux mois de Decem-
„ bre, il l'oblige de ſe laver avec
„ de l'eau froide ? Si alors quel-
„ qu'un de ceux qui l'ecoutent ſe
„ leve & ſe retire , il parle de lui
preſ-

---

* Il y avoit au deſſous de cette monnoye
d'autres encore de moindre prix.

K

„ presque dans les mêmes termes,
„ nul de ses plus familiers n'est
„ epargné; & les morts * mêmes
„ dans le tombeau ne trouvent pas
„ un azyle contre sa mauvaise lan-
„ gue. "

A peine trouveroit-on un homme, qui ne fut coupable de ce vice, & qui n'eut causé quelque chagrin à d'honnêtes gens par ses Calomnies, & par les faux raports.
Je conclus de là après *Horace* que
quiconque dechire un Ami en son
absence, qui ne prend pas son parti
quand on l'attaque, qui n'epargne
personne; qui veut se mettre sur le
pié de diseur de bons mots; qui est
capable d'inventer mille faussetez;
enfin qui ne peut garder un secret,
je conclus, dis-je, que c'est là ce
qui s'appelle un très-mechant homme, & celui de qui on doit se defier. †   CHA-

* Il etoit defendu chez les Atheniens de parler mal des morts par une Loy de Solon leur Legislateur.

† *Horace* lib. I. sat. IV. vf. 81.

CHAPITRE X.

De la Flatterie & de la Dissi-mulation.

LE mensonge & la flatterie sont deux vices essentiellement unis l'un à l'autre; mais qui ne se rencontrent pas toujours avec la dissimulation. Un flateur est un homme guidé par l'interêt & qui ne peut tarir sur les louanges de celui qu'il fait semblant d'estimer. Comme rien ne nous oblige à flatter les gens que nous frequentons, on ne peut guere le faire sans crime. Par la flatterie, on augmente la vanité des Femmes, on leur fait croire qu'elles sont belles, & plus belles que toutes celles qu'on connoît : elles s'en applaudissent, &

 s'ac-

s'accoutument peu à peu à meprifer tout le mondé. A force de les
etourdir de leur merite, on leur
perfuade enfin, qu'elles furpaffent
toutes celles, à qui pourtant elles
font de beaucoup inferieures, à
tous égards.

Alcibe fe trouvant auprès de *Cenobie*, ne fe contente pas de lui
faire entendre qu'elle a quelques
agrémens, il la nomme beauté Ce-
lefte & Divine. Il ne peut rien dire de naturel & de vrai: il outre
toutes fes comparaifons & flate
tous fes Portraits. Mafs il y trouve
fon compte, bien mieux encore
que s'il ne faifoit que mentir tout
uniment. Il eft au moins plus fûr
de s'acquerir les bonnes graces de
Cenobie. Il ne dit rien, ni ne fait
rien au hazard. Toutes fes paroles
& toutes fes actions fe raportent
au deffein qu'il a de lui plaire: il y
auroit bien du malheur s'il n'y réuf-
fiffoit enfin. Il fe l'eft deja ren-
duë

duë favorable en quelques occafions.

On prétend, dit l'Abbé de *Varennes* *, que les Femmes font
beaucoup plus fiieres dans l'eleva-
tion que les hommes; mais à qui
nous en prendre qu'à nous-mêmes?
Moins oppofez à les en corriger,
parce que nous en fommes moins
jaloux, ne les conduifons nous pas
à force de flatteries au point de fe
croire autorifées, dans toutes leurs
manieres?

Il eft bon de remarquer ici que la
verité & la flatterie font incompati-
bles, & que comme c'eft le propre
de la veritable amitié de dire libre-
ment ce que l'on penfe, il s'enfuit
que la flatterie detruit l'amitié à qui
la verité & la fincerité font effentielles. ,, Qu'on defigne s'il fe peut
,, un ufage plus funefte de l'efprit
,, que l'emploi qu'on en fait dans

la

* V. Les hommes ch. 15. p. 150.

K 3

„ la Galanterie pour furprendre la
„ credulité. Ce n'eft qu'à force de
„ feduire l'amour propre qu'on y
„ réuffit. Si les Femmes etoient
„ mieux inftruites de la jufte va-
„ leur de ce qui fait le fond des
„ cajoleries qu'on leur prodigue,
„ peut être en feroient-elles affez
„ peu de cas pour en faire perdre
„ l'ufage par leur fierté. Mais le
„ mal eft fait, elles ont mis elles-
„ mêmes parmi les devoirs d'un
„ homme qui fait vivre, celui de
„ les tromper ainfi. "

Pour la diffimulation, elle n'eft
pas à beaucoup près fi criminelle
que la flatterie. Il eft même neceffaire d'en avoir en certaines rencontres. C'eft la prudence qui doit
nous regler pour être finceres &
diffimulez quand il le faut. Mais fi
la diffimulation a pour but de tromper ou de feduire par des paroles
doubles & artificieufes, il faut s'en
defier, comme de ce qu'il y a au
monde

monde de plus pernicieux. „ Les
„ manieres d'agir, dit *Theophraste,*
„ ne partent point d'une ame sim-
„ ple & droite . . . . . le venin
„ des aspics est moins à craindre. "
Defions nous donc souverainement
des Femmes, puis que la flatterie
est si commune parmi elles.* La
l'agée aborde certaines personnes
qu'elle hait ; elle leur parle, &
leur fait croire par cette demarche
qu'elle se reconcilie de bonne foi.
Elle loue ceux qu'elle voudroit voir
perir, elle s'afflige avec eux s'il
leur est arrivé quelque disgrace.
Elle semble pardonner les discours
offensans que l'on lui tient : elle
recite sans emotion les plus horribles discours que l'on aura tenus
sur son compte, & elle employe
les paroles les plus flatteuses pour
adoucir ceux qui se plaignent d'elle, & qui font aigris par les injures
qu'ils

* Ce Portrait est imité de *Theophraste.*

qu'ils en ont reçues. S'il arrive que
quelq'un qui se croit de ses amis
l'aborde avec empreſſement, elle
feint des affaires, & lui dit de revenir une autre fois : elle cache
ſoigneuſement tout ce qu'elle fait;
& à l'entendre parler on diroit toujours qu'elle delibere. Souvent a-
près avoir ecouté ce qu'on lui a dit,
elle veut faire croire qu'elle n'y a
pas eu la moindre intention. Elle
feint de n'avoir pas aperçu les choſes ou elle vient de jetter les yeux,
ou ſi elle eſt convenüe d'un fait, de
ne s'en plus ſouvenir.

CHAPITRE XI.

De l'Amitié & de la hayne.

RIen de plus utile que l'Amitié dans l'adverſité & dans la proſperité. Elle rend notre bonheur plus parfait, & elle nous aide à ſupporter nos infortunes. En effet, qu'y a-t'il de plus doux que d'avoir une perſonne ſur qui l'on puiſſe compter comme ſur ſoi-même? Ne ſent-on pas plus vivement les impreſſions des plaiſirs, quand on a un Ami qui en goutte les douceurs avec nous? & que peut-on trouver de plus ſoulageant que d'avoir une perſonne qui partage notre chagrin, & qui ſouvent le ſent plus vivement que nous-mêmes *.

L'Ami-

* *Quid dulcius quam habere, qui cum omnia audeas ſic loqui, ut tecum? Quis eſſet tantus fruc-*

K 5

tus

L'Amitié, pour être veritable, doit être accompagnée de deux qualitez essentielles, la probité & la constance. Point d'Amitié, sans ces deux caracteres qui en font l'essence. D'ou nous pouvons conclure qu'il ne faut point compter sur l'Amitié des hommes, ni des Femmes d'aujourd'hui. L'interêt en est le nœud, & ce même interêt est cause qu'il n'y a point d'amitié eternelle. Car, ,, s'aimer les uns les ,, autres, dit l'Abbé de V * * * ,, pour le seul plaisir de s'aimer,

c'est

___

tus in prosperis rebus, nisi haberes, qui illis æqué, ac tu ipse gauderet? Adversas verò ferre difficile esset sine eo, qui illas graviùs, etiam quam tu, ferret . . . . . . Amicitia res plurimas continet: quo quo te verteris, præsto est, nullo loco excluditur, nunquam intempestiva, nunquam molesta est. Itaque non aqua, non igni, ut aiunt, pluribus locis utimur, quam amicitia, neque ego nunc de vulgari, aut de mediocri, quæ tamen ipsa & delectat, & prodest, sed de vera & perfecta loquor, qualis eorum, qui pauci nominantur, fuit. Nam & secundas res splendiores facit amicitia, & adversas partiens communicansque, leviores. Cicer. De Amicit. n. 6.

„ c'est un sentiment trop delicat
„ pour des hommes qui s'estiment
„ si peu entr'eux. Leur amitié à un
„ fondement plus interessant que
„ le merite qu'ils se supposent re-
„ ciproquement, l'impossibilité de
„ se passer les uns des autres. "

Suivant ce Principe, il est rare
que deux Femmes s'aiment. Dans
les plus étroites liaisons qu'on remarque entr'elles, il n'y a qu'hy-
pocrisie. Pourquoi cela? C'est que
l'Amour propre leur fait toujours
imaginer certaines inegalitez de
l'une à l'autre, qui excluent tota-
lement l'amitié. Toutes deux en
particulier croient l'emporter l'une
sur l'autre, par la beauté, par l'esprit, ou par les richesses, & il
est moralement, impossible qu'elles
ne fassent quelque fois éclater ces
sentimens, en voilà assez pour
rompre tout commerce: outre qu'a-
vec de pareilles dispositions, elles
ne peuvent s'estimer reciproquement,

ment, comment donc pourroient-
elles s'aimer? *L'amitié ne se prou-*
ve jamais mieux que par le sacrifi-
ce de ce qui coute le plus à l'Amour
propre: C'eſt aimer ſon ami eper-
dument que de s'avouer ſon infe-
rieur en tout; &, par la raiſon
des contraires, c'eſt ne le point aimer que de ſe croire ſuperieur à lui,
à tous egards.

Coriante eſt, me direz-vous,
d'une amitié-ſcrupuleuſe & tout à
fait delicate: elle a choiſi pour ſa
compagne la plus aimable & la plus
vertueuſe Demoiſelle *de la Haye:*
elle la ſuit partout; à l'Egliſe, à
la promenade, &c. elles ſont eter-
nellement enſemble. Mais, dit
Zerodote, je ſerois tenté de croire,
malgré cette grande liaiſon, que
Coriante, n'aime pas Arianne,
puis qu'en louant ſa vertu, elle dé-
couvre ſes Defauts, & les motifs
les plus ſecrets de ſa conduite. Elle
donne un mauvais tour à toutes
les

les actions de son amie : est ce par charité ? ou pour prevenir la medisance ? Admirez le travers d'Esprit de *Coriante !* En dechirant ainsi *Arianne*, elle proteste de l'estime qu'elle a pour elle. Je n'ai osé lui en dire mon sentiment, ajoute-t'elle, dans la crainte de rompre l'amitié qui est entre nous. Cela lui donne lieu de faire l'histoire scandaleuse de quelques Demoiselles qui ont pris ses remontrances en mauvaise part. Elle vous déclare l'origine de leur mauvaise reputation, & vous recommande le secret ; tout cela par charité apparemment ! Tel est le caractere de la plupart des Femmes qui disent avoir un grand nombre d'Amies.

Mais si elles ne savent pas aimer, elles savent fort bien haïr, & même haïr à l'excès. Rarement elles en reviennent quand elles ont pris quelqu'un en aversion. Cependant,

dant , quelle paſſion plus injuſte que la haine , quand elle a pour objet toute autre choſe que celles qui peuvent contribuer à la deſtruction de notre être? Car comme toutes les Creatures ſont les ouvrages de Dieu, & qu'elles portent ſur leur front le Caractere de celui qui les a produites, elles ont des qualitez qui les rendent aimables, & la bonté qui eſt le principal objet de l'Amour bien reglé, leur eſt ſi naturelle qu'on ne la peut ſeparer de leur eſſence. * Auſſi, Dieu leur donna ſon approbation, dez qu'il les eut produites, & pour nous obliger à les aimer, il nous apprit, qu'elles etoient extremement bonnes. Quelqu'oppoſition qu'elles puiſſent avoir à nos humeurs, ou à nos

_____

* *Quid quid eſt pro ſuo genere, ac pro ſuo modulo habet ſimilitudinem Dei , quando quidem fecit omnia bona valdè, non ob aliud, ni ſi quia ipſe ſummè bonus eſt.* Aug. Lib. I I. *de* Tri*nil* C. h.

nos inclinations, nous devons croire qu'elles n'ont rien de mauvais,
& que les qualitez mêmes qui nous
bleſſent, ſont bonnes à quelque
choſe : ainſi la haine eſt une paſſion
très-injuſte, & il ſemble que pour
l'exercer, il faudroit ſortir du
monde, & chercher des creatures defectueuſes & abſolument
mauvaiſes, qui puſſent etre
des objets legitimes de notre
indignation. "Car, ajoute le *P.*
„ *Senault*, il n'y a rien dans le
„ Ciel, ni dans la Terre qui ne
„ ſoit aimable : s'il ſe rencontre
„ quelque choſe, qui choque no-
„ tre inclination, il s'en faut pren-
„ dre à notre mauvaiſe humeur,
„ ou il en faut accuſer le pêché,
„ qui, aiant dereglé notre volon-
„ té, lui a donné des antipaties
„ dèsraiſonnables, & la contraint
„ de haïr les ouvrages de Dieu."
La haine que nous avons pour certaines créatures ne peut qu'etre dès
agrea-

agreable à Dieu, parce qu'etant
le souverain Bien, & le seul Crea-
teur de toutes choses, il aime ses
ouvrages. * Pourroit-il trouver bon
que nous les haïssions? *La haine
est donc une foiblesse de notre Nature, une preuve de notre indigence,
& une passion qu'on ne peut raisonnablement employer contre les ouvrages de Dieu.*

J'ai insinué plus haut que la haine est une passion fort commune
parmi les Femmes & on n'en pourra douter, si l'on fait attention
qu'elle procede le plus souvent de
l'Amour propre. " Car si nous e-
„ tions plus reglez en nos affec-
„ tions, nous serions plus moderez
„ en nos aversions, & sans con-
„ sulter notre interêt, nous ne
„ haïrions que ce qui est verita-
„ blement odieux; mais nous som-
„ mes si injustes, que nous ne ju-
geons

* La Sagesse. C. II.

„ geons des chofes, que par le ra-
„ port qu'elles ont avec nous.
„ Nous les condamnons quand el-
„ les nous deplaifent, nous les ap-
„ prouvons quand elles nous a-
„ greent, & par un aveuglement
„ etrange, nous ne les eftimons
„ bonnes ou mauvaifes que par le
„ contentement, ou le deplaifir
„ qu'elles nous caufent.. ... Nous
„ voudrions etre le centre du mon-
„ de, & que toutes les autres crea-
„ tures n'euffent point d'autres in-
„ clinations que les nôtres."

L   CHA-

CHAPITRE XVI.

De L'Envie.

IL eſt bien difficile de donner u-ne definition préciſe de l'envie ; mais pour la faire connoître ſous des couleurs qui lui conviennent parfaitement, on peut l'appeller *une triſteſſe lâche, & injuſte*, qui nous fait trouver defectueuſes les plus belles vertus que d'autres poſ-ſedent. C'eſt une paſſion chagrine qui trouve ſon ſupplice en elle-mê-me. Les *Phalaris*, les *Agatocles*, les *Denis*, ces Tyrans inhumains ſi fameux dans l'hiſtoire par leur cruauté, n'ont point inventé de tourmens plus barbares & plus in-ſupportables que ceux que l'envie fait ſouffrir aux miſerables qu'elle

dechi-

dechire. * Elle est condamnable de quelque coté qu'on l'envisage; puis qu'elle attaque, par une guerre ouverte, toutes ces nobles habitudes qui approchent notre ame de la pureté des intelligences celestes. Les autres passions ont des bornes, & ne persecutent que les passions qui leur sont opposées; mais l'envie, comme un monstre furieux choque à la fois tout ce qu'il y a de bon dans l'homme; les biens de la fortune, l'humilité, la charité, la Devotion, elle engloutit tout, elle s'opproprie tout: elle croit que toutes les recompenses lui sont duës. Les maux d'autrui, semblent faire son bonheur. " Si bien qu'el-
,, le est un mal universel; & cette
,, tritesse honteuse est composée
,, tout ensemble d'Avarice, d'orgueil

____

* Invidus alterius macrescit rebus opimis.
Invidiâ Siculi non invenêre Tyranni
Majus Tormentum, ... *Hor.* Epit. 2. l. s.

,, gueil & de cruauté. " Mais elle s'attaque toujours aux vertus les plus nobles & les plus eminentes, elle reserve ses plus grands efforts, & toute la fureur dont elle est capable contre celles qui paroissent avec plus d'eclat. Il ne s'est point commis de meurtres & de parricides, qu'elle n'ait armé & dirigé la main de l'assassin. Ce fut elle qui suscita les enfans de Jacob contre leur frere Joseph: Sa future grandeur leur donna de la jalousie, & pour combattre les desseins du Ciel, ils firent un Esclave de celui dont il vouloit faire un Roi. Elle anima Saul contre *David*, & par une aveugle fureur, elle lui persuada qu'il n'y avoit rien de plus pernicieux aux Souverains que la grandeur de leurs Sujets. Et, pour remonter jusqu'à la source de nos malheurs, ne fut-ce pas elle qui anima les Demons contre les hommes, qui leur inspira le moien de

les

les perdre avant leur naiſſance, &
de les faire mourir en la perſonne
d'Adam.† Un envieux s'attriſte
quand tout le monde eſt en joye,
& il ſe rejouit dans les calamitez
publiques. Sa perte lui eſt agreable, pourvu qu'elle attire celle de
ſon Ennemi, & il lui eſt ſi naturel
de commettre des injuſtices qu'il
achete le plaiſir de ſe venger aux
depens de ſa propre vie. Il ſe fache
contre la fortune ; il ſe plaint de
ſon ſiécle, & quand il ne peut empêcher les bons ſuccez de ſes Ennemis, le deſeſpoir le confine dans la
ſolitude, ou s'entretenant de ſes
deplaiſirs, il ſouffre la peine de
tous les crimes qu'il a commis. *
Il n'y a rien de plus lache que ſon

cou-

† *Invidia vitium Diabolicum quo ſolo Diabolus
reus eſt, non enim ei dicitur ut Damnetur; adul-
terium commiſiſti, fortune ſeciſti, villam alienam
rapuiſti, ſed homini ſtanti invidiſti.* Aug. l. VI.

* *Obiraſcens fortuna invidus, & de ſaculo
quareris, & in angulos ſens pœna incubatſua.* Se-
neca *de tranquil.* c. 2.

L 3

courage ; il eſt toujours rampant
dans la pouſſiere, & ſi quelquefois
la fortune l'eleve, il s'abbaiſſe auſſi-
tot * & ſe ravale au deſſous de
certaines choſes , indignes de ſon
attention. C'eſt une maxime aſſu-
rée que tout ce qui nous donne de
l'envie eſt au deſſus de nous. Par
notre propre jugement, nous don-
nons gain de cauſe à nos egaux,
nous avouons que nous leur ſommes inferieurs, quand leur merite
nous donne de la jalouſie. *Seneque,*
ce grand Philoſophe qui ſe rendit
illuſtre par ſa conſtance, à ſouffrir
la mort, a remarqué que l'envie
etoit la paſſion des ames baſſes, &
qu'elle ne conſumme que ces hommes lâches qui ne peuvent rien en-
treprendre de genereux. † „Car,
ſui-

---

* *O, invidia quæ ſemper ſibi eſt inimica ! nam
qui invidet , ſibi quidem ignominiam facit, il-
li autem cui invidet gloriam parit.* Chryſoſt.

† *Si non invideris major es: nam qui invidet
minor eſt.* Senec.

,, fuivant la remarque du *P. Se-*
,, *nault*, s'ils avoient le cœur un
,, peu noble, & fi la vertu leur
,, avoit fait part de cette fatisfac-
,, tion qu'elle porte toujours avec
,, foi-même, ils feroient contents
,, de leur condition, & ne forme-
,, roient point de fouhaits, qui
,, decouvriffent leur mifere. S'ils
,, remarquoient en leurs egaux
,, quelque perfection eclatante, ils
,, lui donneroient les louanges
,, qu'elle merite, ou faifis d'une
,, noble émulation, ils tache-
,, roient de l'acquerir. Mais com-
,, me le vice qui les tyrannife
,, rampe fur la terre, ils ne con-
,, çoivent que de laches defirs.
,, Lors même qu'ils font quelqu'ef-
,, fort pour s'elever, ils s'abbaif-
,, fent d'avantage; & l'on trouve
,, par experience que leur grandeur
,, apparente, n'eft qu'un pur effet
,, de leur veritable mifere. "

Il n'eft pas neceffaire, après

tout ce que j'ai dit jufqu'à prefent,
de m'arrêter à prouver que l'envie n'eft pas fi rare chez les Femmes qu'on pourroit peut être le
croire ; & qu'elle y eft même
très-commune : Je n'en veux point
d'autres preuves que le plaifir qu'elles prennent à medire, & leur penchant à la vengeance.

CHA-

CHAPITRE XVII.

De l'Avarice & de la Prodigalité.

LA comparaison que font les Moralistes de l'avarice à l'hydropisie, me paroit fort juste; car de même qu'un hydropique veut toujours boire, un avare n'est jamais content des biens qu'il possede. * Il travaille continuellement à en acquerir de nouveaux. Il sacrifie volontiers à ce desir dereglé, son honneur sa gloire & tout ce qu'il a de plus cher. Il se prive de toutes sortes de commoditez, & des plaisirs innocens de la vie, pour accumuler tresors sur tresors.

Qui

* *Semper avarus eget* . . . . . . Hor. Ep. 2. l. 1. vs. 55.

„ Qui l'eut jamais imaginé, dit
„ l'Abbé de V * * * que tenir ſes
„ treſors ſous la clef, s'enfermer
„ à double verouil pour compter
„ & calculer, garder à vue ſon
„ coffre fort, ne pouvoir s'en éloi-
„ gner qu'en tremblant, etre bour-
„ relé ſans ceſſe de l'inquietude de
„ voir fondre ſon argent par de
„ nouveaux impots, ou par un
„ nouvel arrangement dans les
„ monnoyes, ſe coucher, ſe lever
„ dans cette crainte, & conſom-
„ mer dans une ſituation ſi agitée
„ une vie ſi courte, & à laquelle
„ un avare ne peut eſperer de re-
„ venir. Qui l'eut, dis-je, jamais
„ imaginé qu'une ſi grande folie
„ put ſe tourner en paſſion, tenir
„ lieu de tout autre plaiſir, & pa-
„ roitre preferable à la tranquillité
„ de l'Eſprit ? ”

Les Femmes qui aiment tant
leurs aiſes, ne ſont pas toutes exem-
tes de l'avarice. Diriez vous, à

voir

voir Fauſtine ſi mal vetue, & marcher à pied, qu'elle à plus de vingt mille livres de rente? Le croiriez-vous, à lui voir menger une croute de pain ſec & boire de l'eau? C'eſt pourtant une choſe ſure & connuë de toute la ville. Elle ne tient point de domeſtiques, elle ne voit perſonne, ni ne joue jamais. Elle eſt fort aſſiduë aux Egliſes: eſt-ce par un principe de Religion, ou par bigotterie? Ni l'un, ni l'autre de ces motifs ne la fait agir: C'eſt l'avarice, qui la rend ſobre, modeſte & vertueuſe à l'exterieur. Fauſtine ignore-t'elle que l'avarice eſt un vice tout à fait odieux à Dieu par ſa nature & par ſes effets? N'a-t'elle jamais entendu prêcher contre ce deteſtable monſtre que *S. Paul* compare à l'Idolatrie? elle fait tout cela; & néanmoins elle eſt avare; il faut donc qu'elle goutte quelque plaiſir bien vif, malgré la contrainte ou elle vit aſſurement:

ment : Horace a eu raison de faire
dire à un avare que quoique le
Peuple se mocque de lui, il goutte
mille douceurs, & s'applaudit en
secret en comptant ses Ecus. *

Je joindrai au portrait de Fausti-
ne, celui que *Theophraste* a fait
d'un avare. " Quelquefois, dit-il,
,, dans les tems difficiles, le Peu-
,, ple est obligé de s'assembler pour
,, regler une contribution capable
,, de subvenir aux desseins de la
,, Republique; alors il se leve &
,, garde le silence, ou le plus sou-
,, vent il fend la presse & se retire.
,, Lorsqu'il marie sa fille & qu'il
,, sacrifie selon la coutume, il n'a-
,, bandonne de la victime que les
,, parties seules qui doivent etre
,, brulées sur l'Autel, il reserve
,, les autres pour les vendre, &
com-

* *Populus me sibilat at mihi plaudo*
Ipse domi, simul ac nummos contemplor in
Arcâ. Horace sat. 4. h. 1.

, comme il manque de Domesti-
, ques pour servir à table, & etre
, chargés du soin des nôces, il
, loue des gens pour tout le tems
, de la fête qui se nourissent à
, leurs depens, & à qui il donne
„ une certaine somme. S'il est Ca-
„ pitaine de Galere, voulant me-
„ nager son lit, il se contente de
„ coucher indifferemment avec les
„ autres sur la natte qu'il emprun-
„ te de son Pilote. Vous verrez
„ une autrefois cet homme sordi-
„ de acheter en plein marché des
„ viandes cuites, toutes sortes
„ d'herbes, & les porter hardi-
„ ment dans son sein & sous sa ro-
„ be: S'il l'a un jour envoyée chez
„ le teinturier pour la détacher,
„ comme il n'en a pas une secon-
„ de pour sortir, il est obligé de
„ garder la chambre. Il sçait evi-
„ ter dans la Place la rencontre
„ d'un ami pauvre qui pourroit lui
„ demander comme aux autres
quel-

,, quelque fecours, il fe detourne
,, de lui, il reprend le chemin de
,, fa maifon. Il ne donne point de
,, fervantes à fa Femme, content
,, de lui en louer quelques unes
,, pour l'accompagner à la ville
,, toutes les fois qu'elle fort. En-
,, fin ne penfez pas que ce foit un
,, autre que lui qui ballie le matin
,, fa chambre, qui faffe fon lit &
,, le nettoye. Il faut ajouter qu'il
,, porte un manteau ufé, fale &
,, tout couvert de taches, qu'en
,, aiant honte lui-même, il le re-
,, tourne quand il eft obligé d'aller
,, tenir fa place dans quelque affem-
,, blée. "

Ce Portrait, tiré d'après nature,
juftifie le fentiment d'un Philofophe Païen * qui difoit *qu'un avare
ne peut pas etre honnête homme.*
Les *Lacedemoniens* en etoient fi
perfuadés qu'ils puniffoient rigou-
reu-

* Antyfthene.

reufement l'avarice & la croyoient
oppofée au Bien de la focieté Civile. Un Ancien hiftorien * raporte
qu'un jeune homme aiant acheté u-
ne terre à bon marché, les Magif-
trats l'envoyèrent chercher & le
mirent à l'Amende, parce qu'ils
fuppofèrent que c'etoit l'avidité du
gain qui lui avoit fait acheter ce
bien au deffous de fon prix.

On s'imagine d'ordinaire que les
avares & les prodigues font diametralement oppofés, mais cela n'eft
pas toujours vrai ; car il y a des gens
qui font à la fois avares & prodigues, & c'eft affez le Caractere
des Femmes, fur tout de celles
d'un certain rang. Il y a des gens,
par exemple, qui n'amaffent du
bien que pour le prodiguer, & en
faire un ufage illicite ; je n'en
veux point d'autre preuve que la
conduite des gens de finances, &
de

* Elien hift. l. 14. c. 44.

de guerre. Peut-on voir de plus in-
fignes voleurs que la plupart de ces
meffieurs. „ * Leurs feftins, leurs
„ Bâtimens, & les fêtes qu'ils don-
„ nent aux Dames fe font avec la
„ derniere profufion: mais en re-
„ compenfe leurs extorfions fur le
„ Peuple fe font avec la derniere
„ avarice, & on leur peut appli-
„ quer très-juftement ce qu'on a
„ dit d'un ancien *Romain* † qu'ils
„ font avides du bien d'autrui, &
„ prodigues du leur. ”

* Bayle, *penfées diverfes.*
† Alieni appetens , fui profufus. *Salluft. de*
Catilina.

CHAPITRE XVIII.

De l'Orgueil & de l'Oſtèn-tation.

Anitez des vanitez, dit le Sage, *tout eſt vanitez* : a-outons; *chez les Femmes,* pour rendre le ſens plus complet. Oui, *chez les Femmes,* car elles regardent avec mepris tout ce qu'il y a dans le monde : il ſemble que rien ne ſoit digne d'elles, & c'eſt juſtement cette diſpoſition d'eſprit qui fait l'orgueil. Imaginez-vous, que *Seraphique* eſt l'Original des trois quarts des Femmes: on diroit que toutes les Dames de la Ville ſe moulent ſur elle; & elles en paroiſſent étre des copies juſtes dans toutes leurs proportions. He bien! voici le Portrait de *Seraphique.* Elle re-

garde

garde avec dedain ceux qui l'abordent, & malgré tout le respect qu'ils temoignent avoir pour elle, on est tenté de croire, à en juger par sa contenance, pendant qu'ils lui parlent, qu'elle essuye un sanglant affront. Elle reproche jusqu'aux moindres de ses bien-faits. Elle dit par tout qu'elle a fait de grands plaisirs à telles personnes qui n'en ont pas eu la moindre reconnoissance. Mais ces pretendus ingrats repondent à ces reproches, que, supposé la verité du fait, elle s'est payée elle-même de tout le bien qu'elle a pû leur faire, à force de le repeter & d'en etourdir le Public. Vous la voyez marcher fierement dans les Rues, sans daigner repondre aux saluts qu'on lui fait; elle ne regarde personne. Envers ceux-mêmes dont elle a besoin, elle n'use jamais de prieres: elle s'imagine qu'on doit lui faire plaisir, & lui rendre *gratis* toutes

sortes

fortes de services. Ce caractere la rend odieufe en H * * * ou elle eſt venuë ſe tranſplanter depuis peu. Auſſi trouve-t'elle mille dèſagrémens dans ce Païs, ou l'on marchande juſqu'aux pas & aux paroles d'un Laquais, & ou, on ne parle imperieuſement que monnoye ſonnante. Il faut rendre cette juſtice aux Dames H * * * elles ſont beaucoup moins fieres que les F * * * mais c'eſt moins chez elles une vertu, qu'un effet de l'air groſſier qu'elles reſpirent. J'en pourrois encore donner d'autres raiſons que je tais par prudence.

Pour ce qui eſt de l'Oſtentation, les Dames des deux Païs n'ont guere de reproche à ſe faire là deſſus. Les unes & les autres, aiment beaucoup à faire montre de leurs biens, & de leurs avantages réels ou pretendus. En F * * * les Dames font montre des agrémens de l'Eſprit & du corps: en H * * * il

ſemfemble qu'on neglige ces avantages, & qu'on leur prefere un fomptueux étalage de fuperbes ameublemens, de belles porcelaines de la Chine, de riches etoffes des Indes, &c. Ici & là, les Femmes fe vantent de leurs Richeffes.

Il eft jufte que les Hommes tiennent leur coin dans chaque Article de cet ouvrage ; je joindrai donc, à ce que je viens de dire, le Portrait que *Theopharafte* nous a donné d'un homme qui eft dominé par l'Oftentation. Ils s'arête, dit-il, dans l'endroit du *Pyrée* * ou les Marchands etalent, & ou fe trouve un plus grand nombre d'etrangers ; il entre en matiere avec eux, il leur dit qu'il a beaucoup d'argent fur la Mer, il difcourt avec eux des avantages de ce commerce, des gains immenfes qu'il y a à efperer pour ceux qui y entrent, & de

ceux

* Port à *Athènes* fort celebre.

eux sur tout que lui, qui leur par-
e y a faits. Il aborde dans un voia-
ge le premier qu'il trouve sur son
chemin, lui fait compagnie & lui
dit bien-tot qu'il a servi sous Alexandre, quels beaux Vases, &
tout enrichis de Pierreries il a raporté d'Asie, quels excellens Ou-
vriers s'y rencontrent, & combien ceux de l'Europe leur sont inferieurs. Il se vante dans une autre
occasion d'une Lettre qu'il a reçuë
d'Antipater * qui apprend que lui
troisieme est entré dans la Mace-
doine. Il dit une autrefois que bien
que les Magistrats lui ayent permis
tels transports † de bois qu'il lui
plairoit sans payer de tributs, pour
éviter néaumoins l'envie du Peuple,

* L'un des Capitaines *d'Alexandre* le Grand.
† Parce que les Pins, les sapins, les Cyprès,
& tout autre bois propre à construire des vais-
seaux etoient rares dans le Païs *Attique*, l'on
n'en permettoit le transport en d'autres Païs
qu'en payant un fort gros tribut.

ple, il n'a point voulu user de ce
privilege. Il ajoute que pendant une
grande cherté de vivres, il a distri-
bué aux Pauvres Citoyens d'Athenes jusques à la somme de cinq talens; & s'il parle à des gens qu'il
ne connoit point, & dont il n'est
pas mieux connu, il leur fait prendre des jettons, compter le nombre de ceux à qui il a fait ces lar-
gesses; & quoiqu'il monte à plus
de six cens personnes, il leur donne à tous des noms convenables;
& après avoir supputé les sommes
particulieres qu'il a données à chacun d'eux, il se trouve qu'il en re-
sulte le double de ce qu'il pensoit,
& que dix Talens y sont employez,
sans compter, pour suit-il, les Galeres que j'ai armées à mes de-
pends, & les charges publiques que
j'ai exercées à mes fraix & sans re-
compense. Cet homme fastueux va
chez un fameux marchand de Chevaux, fait sortir de l'Ecurie les plus
beaux

beaux chevaux & les meilleurs,
fait ses offres, comme s'il vouloit
les acheter. De même il visite les
foires les plus celebres, entre sous
les tentes des Marchands, se fait
deployer une riche robe , & qui
vaut jusqu'à dix talens, & il sort
en querellant son valet de ce qu'il
ose le suivre sans porter de l'or sur
lui pour les besoins ou l'on le trouve. Enfin s'il habite une maison
dont il paye le loyer, il dit hardiment à quelqu'un qui l'ignore que
c'est une maison de famille , &
qu'il a herité de son Pere , mais
qu'il veut s'en defaire, seulement
parce qu'elle est trop petite pour le
grand nombre d'etrangers qu'il retire chez lui, *par droit d'hospita-
lité.*

 CHA-

CHAPITRE XIX.
De la Colere.

LEs Grecs n'avoient-ils pas raison d'appeller la Colere *une
folie de peu de durée?* Un homme
emporté par l'impetuosité de cette
passion qu'est-il autre chose qu'un
furieux qui n'écoute pas la raison?
Il sacrifie, au desir de satisfaire sa
vengeance, tous les sentimens de
pieté, de compassion, & même les
regles les plus inviolables de son
devoir. Rien n'est sacré pour lui.
De là vient que la colere est souvent plus dangereuse que bien des
especes de folies. * On se repent
de tout ce que fait faire cette pas-
si-

---

* Sapè mentem hominum detexit ira latentem;
Ira quæ pejor est quandoque insania. Evenus.

ſion ; mais on s'en repent quand le mal eſt fait & qu'il n'y a plus de remede. On s'engage, par une ſuite neceſſaire de cette paſſion, dans les injuſtes reſſentimens qui nous portent à la vengeance. La nature corrompuë nous enſeigne ces deſordres ; &, ſans autres maîtres que nos deſirs, nous trouvons toujours le moïen de ſatisfaire cette paſſion. Elle eſt ſi furieuſe que ſouvent il eſt impoſſible de la reprimer, ou de la prevenir, tant elle eſt ſoudaine. De quoi n'eſt pas pas capable un homme tranſporté de colere, dit Horace? Non, non, les Prêtres de *Cybele*, ceux d'*Apollon*, ceux même de *Bacchus*, ne ſont point ſujets à de plus noires vapeurs, lorſqu'enlevez à eux mêmes & privez de raiſon, ils ſuivent les fougueuſes ardeurs du Dieu qui les inſpire. Non, non les Corybantes, eux mêmes, ces Prêtes auſſi fous que bien d'autres, aux jours de

M 5

leurs

leurs plus violens tranſports, lorſqu'ils courent les rues en frapant à
coups redoublés leurs inſtrumens
d'airin, ne marquent pas plus d'e-
garement d'eſprit, qu'on en voit
dans un homme que la colere maî-
triſe *.

On ne craint alors, ajoute-t'il,
ni le fer, ni le feu, ni les tem-
pêtes de la Mer, ni Jupiter lui-
même quoique le plus ſcelerat des
Dieux, le vit-on fondre du haut du
Ciel lançant des foudres de toutes
parts †.

On croiroit peut être que la
Colere eſt la marque d'un Cœur
genereux|; mais il n'en eſt rien.
C'eſt bien plutot une preuve de
notre

* *Non Dindymene, non adytis quatit*
Mente. ſacerdotum incola Pythius,
Non Tiber aqui, non acuta
   Sic gemiuant Corybantes æra,
Triſtes ut iræ. Lib. 1. Ode 16.
   † *Quas neque Noricus*
Deferet enſis, nec mare Naufragum,
   Nec ſævus ignis, nec tremendo
Jupiter ipſe ruens tumultu. Ibid.

notre foiblesse; & je suis persuadé que quand l'Ecriture donne la
primauté à la colere des Femmes, * elle veut nous faire entendre que leur infirmité surpas-
se celle des hommes. „ Car, dans
„ les Femmes les Especes des
„ objets vives & legeres se re-
„ muent d'elles-mêmes; & l'ima-
„ gination subtile & delicate, se
„ livre sans peine à leur empor-
„ tement. ” * * Aussi ne faut. Il
jamais consulter son zele pendant
qu'il est en fermentation; car alors
on a le jugement *obtrus*, & on est
dans une entiere impossibilité de juger sainement des choses. *

† Nous serions perdus si la colere
etoit aussi opiniatre qu'elle est sou-
daine,

---

* Eccl. Ch. 25.
* * Les Amours d'Horace.
* *Iratus de re incerta contendere noli:
Impedit ira animum ne possit cernere
verum.* Catonis distich. l. 2. n. 5.
† V. Senault de l'usage des Passions.

daine, & la terre ne feroit plus qu'une
folitude fi cette paſſion avoit autant de durée qu'elle a de chaleur.
La Nature ne pouvoit mieux nous
faire paroitre le foin qu'elle a de
notre confervation, qu'en donnant
des bornes etroites à la plus farouche de nos paſſions. Et puis que
l'Amour qu'elle nous porte, l'a
obligée à rendre les monſtres ſteri-
les, & à donner une courte vie
aux Bêtes les plus furicufes, elle
ne devoit donner qu'un terme bien
court à une paſſion auſſi dangereufe
que la colere. Encore ne laiſſe-t'elle pas de caufer beaucoup de malheurs en ce peu de tems qu'elle dure. Elle employe bien les momens
que la nature lui a donnez, & en
peu d'heures elle fait bien des ravages. Car, outre qu'elle trouble
l'Efprit de l'homme, qu'elle altere
fa couleur, qu'elle femble fe jouër
de fon fang, que tantot elle le retire
auprès du cœur, tantot elle le re-

jette

jette sur le visage, qu'elle allume des flammes dans les yeux, qu'elle met des menaces en la bouche, & qu'elle arme les mains de tout ce qu'elle rencontre, elle produit bien des effets plus etranges dans le monde. Elle en a mille fois changé la face depuis sa naissance. Il n'y a point de Provinces ou elle n'ait fait quelques degâts, & l'on ne trouve point de Royaume qui ne pleure encore sa violence. Ces ruines qui ont autrefois été les fondemens de quelque superbe ville, sont les restes de la Colere. Ces Monarchies qui gouvernoient autrefois toute la terre, & que nous ne connoissons plus que par l'histoire, ne se plaignent pas tant de la fortune, que de la Colere. Ces grands Princes dont l'orgueil est reduit en poudre, soupirent dans leurs tombeaux, & n'acusent que la colere de la perte de leur vie, & de la ruine de leurs Etats. Les uns

ont

ont été assassinez dans leur lit; les autres, comme des victimez ont été immolez auprès des Autels: les uns ont fini miserablement leurs jours au milieu de leurs armées, & tant de soldats qui les environnoient ne les ont pû defendre de la mort; les autres ont perdu la vie sur leur Throne, sans que cet eclat qui brille sur le visage des Rois, pût etonner leurs meurtriers; les uns ont vû leurs propres enfans attenter à leur personne; les autres ont vû repandre leur sang, par la main de leurs Esclaves. Mais, sans se plaindre de leurs parricides, ils ne se plaignent que de la Colere, & oubliants tous leurs desastres particuliers, ils ne condamnent que cette passion qui en est la source feconde & malheureuse. * Que ne pour-

* *Aspice nobilissimarum civitatum fundamenta vix notabilia: has ira dejecit. Aspice solitudines sine habitatione desertas: has ira exhausit. Aspice tot memoriæ proditos duces mali exempla fati, a-lium*

pourrois je pas ajouter à ce detail,
ſi je voulois donner ici une chroni-
que ſcandaleuſe des Femmes ? De
combien de meurtres, de combien
d'empoiſonnemens, &c. ne pour-
rois-je pas la groſſir ? Mais il me
ſuffit de pouvoir dire, appuyé de
l'autorité de l'Ecriture, que quoique ces deſordres ſoient horribles,
la colere en a fait commettre de
beaucoup plus grands aux Femmes.
Quelle autre paſſion que la Colere,
pourroit rendre une mere aſſez barbare, pour donner la mort à un
enfant, à qui elle vient de donner
la vie ? Un ancien * n'avoit-il donc
pas bien raiſon de demander aux
Dieux d'etre ſuperieur à ſa colere?
Pour nous, qui ſommes eclairés
des lumieres de l'Evangile, nous
devons continuellement implorer
le

---

*lium ira in cubiliꝗ ſuo confodit, alium inter ſacra
menſa percuſſit, alium filii parricidio dare ſangui-
nem juſſit.* Seuec. l. 1. *deirâ* c. 2.
* Libanus.

le secours de la Grace, afin de prendre si bien nos mesures, qu'il ne nous arrive jamais de suivre les mouvemens dereglez de la Colere.

Mais, diront les Dames, qui naturellement aiment la chicane, il est dit dans l'Ecriture : *mettez-vous en colere & ne pechez-point :* la colere, concluront-elles, n'est donc pas une passion si hideuse que vous venez de la peindre. Le beau & le savant commentaire que je pourrois faire sur ces Paroles ! si j'avois etudié quelques mois de plus en Theologie. Je pourrois *peut être* prouver assez solidement que le veritable sens de ce passage est que s'il etoit possible de se mettre en colere sans pecher, il seroit permis de le faire: Belle découverte ! mais je m'en tiens aux idées vulgaires, & je dis que le S. Esprit nous ordonne de nous mettre en colere contre nos vices, & d'être enflamées d'un St. Zele pour detruire nos mauvaises habitudes.

Du

Du reste, nous devons eviter, en
toute autre occasion, de nous
mettre en colere, & nous devons
l'eviter avec d'autant plus de soin
qu'on ne peut rien faire avec regle
& mesure tant qu'on est maîtrisé
par cette passion. *

* *Ira procul absit, cùm quâ nihil recte fieri,
nihil considerate potest.* Cicer. *de Offic.* l. 1. n. 38.

N   PEN

PENSE'ES
LIBRES
Sur divers Sujets.

* **L**ES bonnes mœurs ne font pas moins effentielles à la Religion que la foi : ainfi je voudrois bien favoir pourquoi on s'aplique avec tant d'exactitude à reformer la foi des errans, tandis qu'on a au milieu de fon Troupeau, & dans fon propre cœur des vices abominables, qui fcandalifent les foibles, & defigurent la Religion.

* Les P * * * prennent toutes fortes de precautions pour empêcher qu'un R * * * n'entame les matieres de controverfes, & que nos Livres ne parviennent jufqu'à eux; & ils publient en même tems que leur Eglife eft fi ferme que rien

rien ne peut l'ebranler, qu'elle eſt infallible, .&c. Si cela eſt, leurs frayeurs ſont mal fondées, & leurs précautions inutiles. Que ne laiſſent-ils la Liberté de parler & d'ecrire?

* Prov. 1. vſ. 20. & 21. *La ſouveraine ſapience crie hautement au dehors, elle fait retentir ſa voix dans les ruës, elle crie dans les carrefours ou on mene le plus de bruit, aux entrées des Portes &c.* R. ſi l'on étoit capable de Reflexions, le Roi & le Sujet, le Maître & l'Eſclave, le Noble & le Roturier, tous les hommes de quelque qualité qu'ils ſoient, pauvres & riches; tous ſans exception entendroient cette voix de la ſapience *qui crie au dehors* par la mort d'un de nos Proches, par l'abbaiſſement d'un homme qui, un moment auparavant, ſe voïoit élevé au faîte des Grándeurs. Nous entendrions la voix de nôtre con-

ſcien-

ſcience. C'eſt un juge integre qui nous ſuit en tout lieu, & que les embarras les plus tumultueux de ce monde ne peuvent empêcher de *crier*, pour nous avertir des crimes que nous commettons, contre les loix de la Nature.

* Les S * * * ſont, à proprement parler des Mahometans deguiſez ſous ce nouveau nom, pour eviter les Chatimens que meritent leurs blaſphemes, au jugement des Ortodoxes.

* Les R * * * diſent qu'il ne faut croire à aucun homme, pas même au P * * *, ni aux Conciles, mais à l'Ecriture ſeule. Fort bien, repond un C. R * *: moi qui ne ſais ni l'Hebreu, ni le Grec, je ſuis obligé de croire à l'Ecriture, ſur la bonne foi des Traducteurs, n'eſt-il pas vrai? Sont-ils plus infallibles que le P * * *, vos Meſſieurs qui traduiſent la Bible? N'avouerez-vous pas que leur fidelité eſt

pour

pour le moins auſſi Equivoque
que celle d'un Concile ? Diſcon-
iendrez vous que le ſens d'un paſ-
age depend ſouvent d'une Lettre
omiſe, d'un ſeul mot oublié, ou
al rendu? N'eſt-il pas vrai encore, qu'il n'y a point d'analogie
parfaite entre les Langues de divers
aïs; moins encore entre le jar-
gon françois & la langue Hebraï-
que ? Voilà une difficulté qui
m'embarraſſe beaucoup : je prie
Mrs. nos M * * * qui en ſavent
plus que moi de lever mes doutes
deſſus pourvû qu'ils le faſſent charitablement, & non *Theologiquement.*

* Les P * * * en perſecutant les
R * * * agiſſent coutre leurs propres principes. Pour entrer dans
cette penſée, on doit ſe ſouvenir
qu'il y a deux ſentimens qui divi-
ſent aujourd'hui leur Egliſe, en
deux Partis inegaux. Le plus
conſiderable par le nombre eſt celui des Moliniſtes qui nient l'efficace de la Grace, tant ils ſont jaloux

de foutenir les droits de la Libert
d'indifférence, par ce que fans elle
difent·ils, il n'y a ni vertus ,ni vices
ni Religion , ni Recompenſes, n
peines; principes directement oppo
ſé aux criantes perſecutions dont o
a accablez les Reformés en Franc
depuis deux cens ans ; car les exils
les priſons, les Galeres, la Rouë
le feu, la confiſcation des biens,
& pour tout dire en un mot l₂
DRAGONNADE , ne ſont ce pa₂
des choſes qui forcent pour le moins
autant la Liberté que la Grace effi·
cace ? L'autre parti eſt celui des
Janſeniſtes qui ſoutiennent avec
raiſon, n'en deplaiſe aux Diſciples
du Viſionaire Ignace, 1, qu'il n'y
a que la Grace efficace par elle-
même qui puiſſe changer le Cœur,
donner la foi, & les autres vertus
néceſſaires à ſalut: 2. que Dieu ne
donnepas cette Grace à tous, mais
à qui, il lui plaît· Ce ſentiment
exclut la Perſecution , puis que
tous

tous les moïens humains ne peuvent
changer le cœur, ni donner la Grace à
ceux qu'on traîne involontairement
au pied des Autels pour y adorer
un morceau de Pâte mal pâtrie.

* J'admire les C * * R * * * *
qui dans leurs Ecrits pour prouver
la Divinité de la Religion Chrétienne, & la fausseté du Mahometisme, citent l'exemple des Apôtres qui ont dissipé les tenebres du
Paganisme, non pas en persecu-
tant, mais en souffrant persecution,
& par la seule voie de la persua-
sion; au lieu que le faux Prophete
Mahomet a employé l'Epée pour
faire recevoir l'Alcoran. Du moins,
Messieurs les Catholiques, soyez
d'accord avec vous-mêmes, & ne
nous donnez pas lieu de conclure
de vos propres Principes que votre Religion ne vaut pas plus que
le Mahometisme.

* Le sens de ces paroles: *Ceci*
est mon corps: ceci est mon sang,

 fait

fait depuis long tems le sujet d'une dispute fort échauffée entre les deux Communions la Protestante & la Romaine. Chaque parti veut avoir raison ; cependant il faut necessairement que l'un des deux ait tord. On ne peut saisir la verité par deux points diametralement opposés. Qui prendrons nous pour juge en cette occasion ? L'Ecriture. Mais on se bat sur le sens qu'on doit lui donner. Aions donc recours à la raison. Si nous la consultons sans prevention , elle ne nous trompera point, & j'ose avancer qu'elle decide en faveur du sens figuré. Un peu de Reflexions aux circonstances qui accompagnerent la benediction du pain Eucaristique, convaincra tout homme raisonnable de cette verité, & par une consequence necessaire, de l'impossibilité, ou si vous voulez de l'absurdité du dogme de la Transubstantiation. C'étoit J. C. lui mê-

même qui parloit; les Apotres le voyoient pour lors fous la même figure qu'ils l'avoient toujours vû depuis trois ans qu'ils s'étoient attachés à fa fortune : Ne faudroit-il pas qu'ils euſſent été pis que fous, s'il eſt permis de s'exprimer ainſi, pour croire bonnement que le corps qu'ils voyoient être un objet très-different du pain que J.C. tenoit entre fes doigts, fe trouvat neanmoins dans ce pain.

Du moins faudroit-il fuppofer que J. C. avoit deux corps, (ou que les Apotres le crurent ainſi,) l'un qu'ils conçurent par la foi être réellement dans le Pain, & l'autre que tous leurs fens leur difoient être hors du Pain. Cependant jufqu'à prefent aucun Catholique, que je fache, n'a avancé ce fentiment.

On ne dira pas non plus que le corps que les Apotres voioient être hors du pain, fut un corps phantaſtique, car on faperoit par là tous les principaux dogmes de la Religion Chrêtienne, entr' autres celui de la Refurrection du Sauveur, qui en eft la bafe, puis que les Difciples n'en ont eus d'autres preuves que le temoignage de leurs fens. Je ne crois pas que l'on puiffe refifter à la force de cette preuve, que je regarde comme une Demonftration en faveur de notre fentiment : je ne pretens pas pourtant parler en Pape, ni que ce que j'avance foit regardé comme s'il étoit proferé *ex Cathedrâ.*

* Un Miffionaire de la Chine raconte qu'une Dame Mandarine voulant fe confeffer ; & ne pouvant fe faire entendre au Jefuite, fit le detail de fes Pechez à fon fils ainé qui devoit enfuite les raconter au R. P. en recevoir les avis, & les lui communiquer : le P. Chavaguac finit ce recit par une exclamation digne d'un hypocrite Jefuite : *Trouveroit-on en Europe,*

dit-

dit-il, † *ces Exemples de simplicité & de ferveur.* Quoi! est ce donc là un Exemple à imiter?

* On voit par le 3. Chapitre de la premiere Epitre de S. Jean, que ne pas faire du bien à son frere & le haïr sont une même chose: *Or, dit Cet Apotre quiconque hait son frere est meurtrier, & vous savez que nul meurtrier n'a la vie eternelle demeurante en soi: ainsi donc celui qui aura des biens de ce monde & verra son frere avoir necessité, & lui fermera ses entrailles, comment demeure la charité de Dieu en lui?* C'est dire clairement qu'un tel homme n'aura pas la vie éternelle.

* Peut-on être de pourvû de sens jusqu'au point de soutenir que la Grace nous entraine invinciblement à faire le bien, & nous laisse neanmoins le pouvoir de faire le mal? he!

† V. la 9. des Lettres Edifiantes.

hè ! quel pouvoir ! Selon de savans Docteurs, il ne sera jamais
reduit à l'Acte, tandis que la Grace agira dans le fidele. Est ce donc
là un pouvoir ? Ces Theologiens
revent apparemment lorsqu'ils
croient trouver une preuve solide
de ce sentiment dans cette comparaison : un homme , disent-ils, a
le pouvoir de se jetter par la fenêtre , & cependant il ne le fera pas ,
tandis qu'il sera dans son bon sens.
Ils ne prennent pas garde qu'ils
prouvent tout le contraire de ce
qu'ils veulent, car la raison est une
Chaine qui retient l'homme en
question dans sa chambre , sans
qu'il lui vienne seulement la moindre pensée de se jetter par la fenêtre. Mais , dira-t'on, si la raison
de cet homme s'éclipse , comme
cela est très-possible , qui l'empê-
chera de se jetter par la fenêtre ?
ainsi, suivant la distinction du Dr.
An-

Angelique *, le pouvoir dont il s'agit doit être entendu & *pris in sensu diviso* & non pas *in sensu composito.* Belle Distinction ! il vaudroit autant dire qu'un criminel dans le fonds d'un cachot, ou il a piès & poings liés peut se sauver, *in sensu diviso*, parceque si on lui ôte ses chaines & qu'on lui ouvre les portes de la prison, il n'y aura plus rien qui l'empêche de sortir. Cela s'appelle raisonner & raisonner comme un Ange ! Par cette petite distinction, il semble qu'on soit d'un sentiment bien éloigné de celui des Calvinistes.

* J'ai vû & j'ai connu très-particulierement en France certains Docteurs qui passent pour J * * * Si on leur demande de quelle maniere J. C. est dans l'Euchariftie : *Sacramentellement*, vous repondent-ils. Priez-les d'expliquer ce terme, ils

le

Thomas d'Aquin.

le refuferont : preuve que la Politique, ou le deguifement eft le premier point de leur morale pratique,
quoiqu'ils le deſavouent dans la ſpe-
culation.

* Les Cartefiens qui foutiennent
que les trois dimenfions longueur,
largeur & profondeur, font l'effence du corps fe contrediroient grof-
fiérement, s'ils croïoient la prefence reelle, puis que, felon les
Theologiens de Rome, le corps de
J.C. eft dans l'Euchariſte fans eten-
due : & à ce compte-là, il n'y eft
pas du tout, fuivant les Philofophes modernes, puis que les
Theologiens detruifent fon effence. On s'eft bien aperçu du coup
que la Philofophie de Defcartes
portoit à la Tranfubftantiation. Mais
les Difciples de ce Philofophe ne
trouvant pas à propos de donner
un foufflet à la Theologie, & crai-
gnant les peines infligées aux Here-
ti-

tiques : peu diſpoſés d'ailleurs à abaudonner leur ſentiment, ont dit, pour ſe tirer de ce mauvais pas, qu'ils parloient en Philoſophes & nullemeut en Theologiens, comme ſi la raiſon que l'on fait profeſſion de ſuivre en Philoſophie, etoit d'une autre eſpece que celle que nous devons conſulter en Theologie.

* Copier ou imiter les modernes c'eſt Plagiat, au dire de certains beaux eſprits : faire la même choſe à l'egard des Anciens, c'eſt ce qu'on nomme Litterature. Quelle extravagance ! Trois ou quatre ſiecles de plus ou de moins, changent-ils la nature des Choſes ? ſi cela eſt, ceux qui Copieront nos Auteurs d'aujourd'hui, dans quatre ou cinq cens ans, feront gens Lettres. Nous voyons à la Haye certains Auteurs ſatyriques, diffamez & *diffamatoires*

res † qui coufent tant bien que mal quelques Lambeaux des Anciens, pour accuſer un de leurs Confreres de Plagiat. Jugez, Lecteur, de la droiture de ce Procedé.

* Certain bel eſprit de par le monde, condamne rigoureuſement les Satyres & les Libelles, & vous remarquerez, s'il vous plait, qu'il donne ce noms aux portraits que l'on fait de lui d'après nature. Il dit même avec l'ingenieux Ecrivain du Spectateur Anglois * "que „ tout honnête homme doit ſe re- „ garder comme dans un Etat na- „ turel de guerre avec les fai- „ ſeurs de Libelles & de Saty- „ res, & les harceler par tout „ ou il les trouve ſur ſon che- „ min: Qu'on ne fait que ſuivre la

---

† Ce terme peut leur fournir le ſujet d'une Lettre S. & B.

* To. 1. Diſc. XXVIII. à la fin.

„ la Loi du Talion & agir avec
„ eux de la même maniere qu'ils en
„ ulent avec les autres. " Malgré
cela, cet honnête homme, dont
la plume eſt toujours au ſervice du
lus offrant, enfante un Libelle
des plus execrables. Il s'eſt expoſé
par cette infame production à la
haine de tous les honnêtes gens.
En cela, comme en bien d'autres
choſes, il a viſiblement agi contre
ſa conſcience, puis qu'il déclame
fortement contre les Libelles dans
le Libelle-même dont il vient de
regaler le Public. " Il eſt vrai que,
„ ſelon la coutume des faiſeurs de
„ Libelles, il s'eſt deguiſé autant
„ qu'il a pû. Ces nuages dont il a
„ taché de ſe couvrir, ſont un a-
„ veu qui lui a echapé ſans y pen-
„ ſer de la honte qu'il ſent de ſa
„ conduite, & de la crainte qu'il a
„ d'en etre puni. C'eſt un hom-
„ mage qu'il a rendu malgré lui à

„ la juſtice qu'il offenſoit. " *

* N'allez pas vous imaginer qu'il ſoit permis de ſe livrer indifferemment & ſans examen, tout ce qui nous frappe ſous l'idé d'un Bien. Quoiqu'on goute d plaiſir quand on s'abandonne à ſ Paſſions, & qu'on éprouve de peines quand on y reſiſte, il ne faut pas ſuivre leur fougue. Ut vaindicatif, par exemple, regarde la vengeance comme un Bien Pourquoi cela, s'il vous plait? C'eſt qu'il goute du plaiſir dans le moment qu'il ſatisfait cette paſſion Auroit-il raiſon d'en conclure que l'Auteur de la Nature veut qu'il ſe vange, & qu'il en recherche toutes les occaſions? Une belle preuve, une preuve *aſſomante* qu'il auroit

___

* On ne fait qu'appliquer à l'Auteur des L. S. & B, les termes dont il s'eſt ſervi pag. 30. en parlant de la Lettre Critique ſur le 1. to. de l'Etat préſent des Provinces-Unies par Jançon.

roit tord de raifonner ainfi, c'eft qu'il
n'aura pas plutot tué, ou voulu dif-
famer fon Ennemi, qu'il apercevra
toute l'horreur de fon crime. S'eft-
il vangé par un Libelle ? Il defa-
vouë hautement une Produ¢tion
qui ne peut que le couvrir de honte; ce qui prouve encore, pour le
dire en paffant, qu'il y a dans tous
les hommes une *Notion* generale &
conftante du Bien, & que la difference de fentiment qu'on remarque
entr'eux à l'egard de quelques biens
particuliers ne peut raifonnable-
ment autorifer à croire que cette
Notion depende uniquement,
dans l'etat de nature, du jugement
de chaque perfonne. Et même c'eft
une Do¢trine conftante en bonne
Theologie, qu'il y a, dans la nature & dans l'effence de certaines
chofes, un bien ou un mal moral
qui precede le Decret Divin : C'eft
à dire, pour parler le langage po-
pulaire, que les chofes Saintes font

 aimées

aimées de Dieu, à caufe qu'elles font Saintes, mais qu'elles ne font point Saintes à caufe qu'elles font aimées de Dieu. Autrement, comme le remarque le *Doctiffime* Bayle *, ne faire tord à perfonne feroit une bonne action, non pas en foi-même, mais par une difpofition arbitraire de la volonté de Dieu. Il s'enfuivroit que Dieu auroit pû donner à l'homme une Loi directement oppofée en tous fes points au Commandement du Decalogue. Cela fait horreur. C'eft ce qui a fait avouer aux Philofophes Chrêtiens que les effences des chofes font éternelles, & qu'il y a des propofitions d'une éternelle verité; & par confequent que les effences des chofes , & la verité des premiers principes font immuables.

* A quoi penfez vous, Lycidas,
de

____

* Penfées diverfes. 10. 4.

de fronder impitoïablement ceux
qui ont ecrit avant vous fur la matiere que vous traitez aujourd'hui,
peut-être avec beaucoup moins
d'ordre & de difcernement qu'eux?
Quelle ingratitude! Dechirer des
Auteurs de qui vous empruntez
tout ce qu'il y a de bon dans le
Grand Ouvrage dont nous avons deja deux volumes *in folio*! N'y avoit-
il pas d'autre moyen de fatisfaire
votre amour propre? Falloit-il donner tant de prife à la critique,
en affichant un monument de votre vanité au frontifpice d'un ouvrage, que, felon toutes apparences, vous ne terminerez pas à votre honneur? Quel homme étes-
vous! Jufques dans un miferable
Difcours qu'Arlequin auroit honte
de debiter fur le theatre, vous faites paroître votre humeur atrabilai-
re & Cauftique. Vous y chargés
d'injures les plus groffieres, Jufte
Lipfe & Scaliger le Pere, deux

fçavans qu'on ne ceſſera d'admirer
que quand on pourra vous eſtimer.
Savez-vous bien que l'on redoute
infiniment plus vos louanges, qu
vos Satyres? On dit dans le monde que vous faites l'Eloge de tou-
ceux que vous blamez, & que
vous avez une humeur chagrine
qui s'eſt accoutumée de longue main à criailler & à dire des injures.
Vous perdez la plus grande partie
de votre vie à un metier auquel il
vous eſt impoſſible de réuſſir; je
veux dire à la Critique. Vous a-
vez aſſez d'Erudition, mais la principale piéce vous manque, ſavoir
le gout & le ſentiment des vrayes
beautez, & c'eſt ce que l'Erudition
toute ſeule ne donne point. Votre
G. D. G. & C. que vous eſtimez
tant par les Recherches ſavantes
que vous croyez y avoir raſſem-
blées, eſt, dit-on, un chef d'œuvre
d'impertinences d'un bout à l'autre,
pour ce qui regarde le faux jugement

ment & le mauvais gout. Vous de‑
cidez de tout & de tout *sottement
& Bêtement.* Vous avez un grand
attirail de Grammaire, & d'Anti‑
quitez Grecques & Romaines,
mais pas le moindre gout pour ce
qui regarde le veritable bel Esprit;
une insensibilité stupide pour ce
que les Grecs appelloient *Atticisme,*
les Latins *Urbanité,* & ce que nous
appellons en François Elegance &
delicatesse.

Voilà le Portrait qu'on fait de
vous, voilà cet homme qui se
croit le plus sçavant & le plus ju‑
dicieux critique de l'Univers. N'a‑
t'on pas bien raison de rejetter vos
decisions, comme d'un juge incom‑
petent sur la *Bibliotheque Raisonnée?*
Mais vous & vos pareils, auriez dû
faire une Reflexion un peu mortifi‑
ante pour votre Orgueil à la verité,
mais qui vous auroit épargné la
honte d'une si impertinente Criti‑
que. C'est que les Tournebroches

& les Palefreniers des Auteurs de la *Bibliotheque Raisonnée*, sont plus capables de juger du vrai prix, & du degré d'elegance des Auteurs modernes, que tous le Lycidas passez, presens & à venir. *

· * Damon petit fat en Original, s'imagine que depuis 5. ou 6. ans qu'il écrit, il a trouvé le secret de se faire un stile inimitable. Les productions des autres sont *dures* & maldigerées, à son avis: Il regarde avec un orgueilleux mepris tous les ouvrages qui ne sortent pas de sa plume, quoiqu'au jugement de toutes les personnes de bon gout, il soit incapable de rien faire qui en approche. Lycidas a dit qu'une Traduction de ce Faquin a paru si belle

* On n'a presque fait dans ce Portrait qu'appliquer à Lycidas les traits dont il a crû noircir Juste Lipse & Scaliger le Pere, dans un discours sur les Satyres d'Horace.

belle à quelques perſonnes, qu'elles l'ont priſe pour un Original.
Cet eloge eſt mal appliqué, mais
il n'a pas laiſſé de flatter agréa-
blement l'Amour propre de Damon, qui eſt vain par temperemment. Sa vanité ne ſe borne pas à
ſes Ouvrages. Tout, juſqu'à ſon
Origine heterolite, & à la naiſſance
diſtinguée de ſon Epouſe, contri-
bue à le bouffir d'Orgueil. Sa demarche cadancée le fait reconnoître
d'auſſi loin qu'on peut l'apercevoir. Vous le voyez toujours mis
comme un petit Abbé de Cour, ou
comme un Chanoine qui auroit des
Benefices par douzaines. Il eſt
donc fort à ſon aiſe? Cela pourroit
être, s'il faiſoit ſervir ſa Table
moins delicatement qu'un Bour-
guemaiſtre. Et, preuve que l'A-
mour propre ſe fourre par tout,
c'eſt que Damon ſe vante de cette
ſottiſe, comme de quelque choſe
d'admirable.

O 5

Mi-

* Michée, aiant essuyé une petite disgrace, dans une fameuse ville, dont il n'approche plus que de douze lieuës, tant il a peur d'y trouver son salaire ; Michée, dis-je, est venu se transplanter dans le plus beau village de l'Europe, ou, avec sa chere famille, il a gou-té quelque tems le plaisir de trom-per le tiers & le quart.

Pour dissiper les soupçons que le Souverain avoit justement pris de sa fidelité, il a cru se remettre en bonne odeur, en tachant de sacri-fier un homme, dont il se disoit ami, & qu'il croyoit être dans le même cas que lui. Mais n'aiant rien pû découvrir de tout ce qu'il s'etoit imaginé, il s'est déclaré son Ennemi. Il a publié mille faussetez fur son compte. Cependant il n'a trouvé dans toute la ville que deux fourbes comme lui, qui ont ajouté foi à ses paroles. Enfin, le denouë-ment de la Comedie fait connoître

Mi-

Michée, & l'injustice de ses Calomnies. Son nom se trouve plus
de 20. fois dans une sentence infamante & assurement on n'y fait pas
son Eloge. Diriez-vous pourtant
qu'il s'en glorifie? En verité, il
faut que l'Amour propre se trans-
forme en des figures bien bizarres,
puis que Michée voudroit se faire
honneur dans le monde, d'une
chose qui feroit mourir de chagrin,
tout autre, moins accoutumé que
lui à de pareils affronts. Il court à
la gloire par le chemin de l'infamie.

    * Lycidas, Damon & Michée
se sont mis aux gages d'un honnête
homme dont voici le Portrait, dans
l'Epigramme suivante:

> Duron frayant avec trois beaux esprits
> Tel qu'un Crapaud échapé de la Bourbe;
> Vomit sur nous tous les flegmes pouris
> De son Esprit lourd & noir comme tourbe.
> Puis il grimace un ris sournois & fourbe,
> Et semble dire, amis, sçais-je honnir?

Au

Au bel Esprit vais-je pas parvenir?
Hé! pauvre sot! Grenouille ainsi frayante
Au bel Esprit peut non plus parvenir
Qu'on ne devient fripon lorsqu'on te hante;

* Nous avons insinué ailleurs, que le Plaisir est le grand mobile de nos Actions. Dieu nous en a rendu susceptibles afin de nous engager à travailler à notre propre conservation. Aussi le Plaisir est-il la chose du monde à la quelle nous sommes plus sensibles, & tout ce qui peut nous en procurer, semble faire veritablement notre bonheur. Le plaisir est donc un Bien. On ne peut se refuser à la verité de cette consequence; mais nne Reflexion facheuse, triste, accablante, c'est de penser que nous ne sommes plus dans cet Etat heureux, ou le plaisir auroit toujours été innocent. Peu s'en faut qu'à present, il ne soit toujours criminel, non par lui-même, vû que la nature, ou l'essence des choses est incorrupti-
ble,

ble, mais par le mauvais ufage que nous en faifons. Et, bien que tout bonheur, même celui des Saints, confifte effentiellement dans le Plaifir, tout plaifir ne conftituë pas le veritable bonheur. Dieu feul, je le dis du plus grand ferieux, peut nous faire gouter des plaifirs parfaits, & nous ne les cherchons point en lui. Dans l'Etat d'inno- cence, rien ne nous auroit fait plaifir que par raport à Dieu, Pourquoi donc, me direz vous, ne nous y a-t'il pas laiffé? Taifez vous, curieux. Vous fau- rez feulement que, corrompus par le peché de notre premier Pere, nous courons après des biens chi- meriques. Un avare trouve du plai- fir à fe priver de toutes les com- moditez de la vie pour accumuler trefors fur trefors. Un ambitieux, à occuper un pofte elevé, après le- quel il a couru long-tems, comme

un

un chien de chasse après le Gi-
bier. Un savant à se mettre sous
presse, &c. &c. Mais sont-ce là
des plaisirs solides? Un homme de
bon sens, peut-il fixer son attention sur des objets si fragiles? L'A-
vare voit enlever ses tresors par des
voleurs. L'ambitieux, est cassé
aux gages, & privé d'une dignité
qui l'occupoit entierement, & qui
l'empêchoit de pratiquer ses devoirs
d'honnête homme & de Chrêtien.
Le savant mêle parmi quelques
bonnes choses, cent impertinences
qui le font survivre long-tems à sa
reputation. Il vouloit immortaliser
son nom au prix de son repos & de
sa santé, mais après avoir blanchi
sur les Livres, il met au jour une
sotte production qui le rend mé-
prisable. La raison veut qu'on s'abs-
tienne de ces Plaisirs criminels qui
entrainent après eux des pertes
considerables, de la honte de l'opprobre, des dangers, des chagrins

des

des douleurs, &c. Je voudrois donc, suivant ce Principe que J * * * ne s'enivrat plus, que L. M * * * ne fit plus tord à personne, & qu'il se contentat d'un ordinaire proportioné à son etat; que B * * * ne calomniat plus un homme qui lui a fait tous les biens imaginables, & que s'il n'en vouloit point marquer de reconnoissance, il ne fit pas au moins eclater son ingratitude dans un Ecrit Public. Ces trois Messieurs croïent-ils être heureux en se livrant à la volupté? Si c'est là leur idée, elle est fausse & ridicule. Quel plaisir trouve-t'on à boire sans regle, ni mesure? Quelle satisfaction de se voir à tout moment exposé à mille avanies de la part de ses Créanciers? Quelle joïe de se faire haïr de tout le monde, non seulement par l'impieté, mais par des Calomnies infames? Après tout, la volupté est si ennemie du repos qu'il est impossible de s'y

livrer

livrer sans devenir miserables &
criminels. Elle blesse l'ame & le
corps d'un même coup, dit le P.
Senault, * elle affoiblit l'un & cor-
rompt l'autre; ce sont des remedes
pires que le mal dont elle nous veut
guerir, ses desordres causent toujours celui de notre santé, & ses
excès nous sont si pernicieux qu'il
les faut prendre avec mesure,
pour en recevoir quelque satisfaction.

*　* On ne doit point etre surpris
qu'un Auteur en titre d'office,
prenne plaisir à se voir loué dans
les Journaux Litteraires, & qu'il
ne puisse souffrir au contraire qu'on
y parle mal de ses Ouvrages. Les
Journalistes doivent redouter sa
plume Satyrique s'ils sont assez
hardis pour relever ses bevûës. On
auroit beau dire qu'un honnête
homme qui juge d'un Livre, en
doit

* De l'usage des Passions VI. Traité, Disc. 1.

doit donner une idée juste, & avec
toute la sincerité dont il est capable, pour ne point tromper le Public & ne pas commettre sa Reputation, ce seroient là des raisons
inutiles! Un Auteur veut être
loué, & gouter cette volupté
d'Ambition & de vaine gloire, á-
près laquelle il soupire. C'est flatter son ambition que de dire qu'il á
fait un Ouvrage excellent.

  * Il y a une volupté de haine &
de vengeance qui nous fait dire
quelquefois.

> Puissaÿ-je de mes yeux y voir tomber la
>   foudre,
> Voir ces maisons en cendres & tes lauriers en
>   poudre,
> Voir le dernier Romain à son dernier soupi
> Moy seul en etre cause, & mourir de
>   plaisir.

C'est à peu près ce langage que
tenoient hier au Caffé de Roselli,
quatre *faquins à Nazardes*, tou-
P

chant

chant un Philoſophe dont la ſince
rité leur eſt inſupportable. Dan
ce Caffé, fameux par les avantu
res de l'Italien qui l'a établi,
dont il a conſervé le nom, ſe ren
dent à certaines heures les Grand
Seigneurs & les beaux eſprits de
la Haye. J'y vis entrer peu de tem:
après moi un homme gros & gra:
que je pris d'abord, à ſon air hy·
pocrite pour un Jeſuite traveſti.
Un de mes amis qui etoit venu a·
vec moi, me le fit remarquer; &
je lui demandai s'il le connoiſſoit.
Parfaitement, me repondit-il du plu:
grand ſerieux. C'eſt un animal dont
le corps eſt petri d'eau bourbeuſe
& de beurre, & dont l'ame (car il
faut croire qu'il en a une, quelque
peu d'attention qu'il y faſſe) a été
detrempée dans ſix verres d'abſyn·
the, quatre de vinaigre, trois on·
ces de fiel, ſix dragmes de mauvai·
ſe foi, trois grains de fourbe·
rie . . . . Voilà, interrompis-
je,

je , une excellente Recette pour faire un honnête homme ! mais, Monſieur le Docteur, ce n'eſt pas là ce que je vous demande. Son nom. Ah! ah! dit-il, c'eſt donc ce que vous voulez ſçavoir? apprenez qu'il ſe nomme V. D * * * qu'il eſt L * * * de ſa profeſſion , & que ſa Boutique, ou vous chercheriez inutilement un bon Livre, n'eſt qu'à trois ou quatre portes de ce Caffé. Pouvez-vous bien parler ainſi de vos Compatriotes, repris-je? car cet original ſans copie me paroit étre H * * *. Ne vous en étonez pas , repondit-il; D * * * n'eſt pas la ſeule ville du monde qui peut ſe vanter d'avoir vû naître des fripons, des vindicatifs, des ſcelerats, &c.

Au moment que mon ami prononçoit ces derniers paroles, nous vimes entrer J * * *. L. M * * * & B * * * qui coururent embraſſer V * * * D * * * tour à tour. Je

de-

demandai à mon Docteur s'il com-
prenoit quelque chofe à ce mané-
ge, mais avant qu'il eut le tems
de me repondre, j'en appris plus
que je n'en voulois fçavoir. Ces
quatre perfonnes s'etant raffem-
blées au tour d'une petite table, fe
firent fervir du Chocolat que l'un
d'entr'eux aimoit beaucoup. Ils
tournerent leur Converfation fur
des affaires particulieres, & quoiqu'ils parlaffent myfterieufement, je
compris que les nouveaux venus
etoient des efpeces de fçavans qui
s'etoient prêtez au reffentiment de
V * * * D * * * pour le venger
d'un homme qui lui étoit devenu
odieux pour avoir dit la verité,& qui
n'avoit pû fe refoudre à parler avan-
tageufemene de quelques livres dont
on ne pouvoit dire que du mal. Ils
s'applaudiffoient entr'eux & fe fe-
licitoient de la victoire qu'ils croyoient avoir remportée fur le Philofophe à qui ils vouloient. La volupté

lupté de la haine & de la vengeance étoit peinte sur leurs visages;
mais V * * D * * paroissoit le plus
content. Enfin, ma patience étant
à bout, car vous saurez que je n'en
ai pas plus que de raison, je dis à
mon ami: " Je veux vous regaler
„ d'une excellente piéce de Poësie,
„ par la quelle deux sçavans de ma
„ connoissance, repoussent les at-
„ teintes d'une troupe de marauds
„ qui les dechirent & dans les Caf-
„ fés & ailleurs par des Calomnies
„ les plus indignes. " Je tirai en
même tems de mon Porte-feuille la
Quintessence * du 11. Aout, ou je
lus à haute voix l'Epigramme suivante:

Monstres affreux, de l'Enfer échapez,
Vils imposteurs, ranimez votre rage.
De mille traits en vain vous me frapez
Vos coups ne font qu'echauffer mon courage:

P 3

Sur

---

* C'est une feuille très-curieuse qui s'imprime
deux fois par semaine à Amsterdam chez Uitwerf.

Sur vous un jour retombera l'orage ;
En attendant, je suis deja vangé :
De tels faquins & la haine & l'outrage
Sont un trophée à ma gloire erigé.

Ce fut là un coup de foudr pour ces Calomniateurs, qui, ſ reconnoiſſant dans ce Portrait, de logerent au plus vîte. Je ne ſai même s'ils payerent leur Choço lat ; du moins eſt-il certain qu'ils n'avoient pas l'air fort pecu nieux.

Coribule, quoi qu'interieure ment perſuadé qu'il y a un Dieu, vit comme s'il n en croyoit rien. Il tâche d'eſſacer cette verité de ſon Eſprit, pour avoir ſes *coudées franches*, dans la jouiſſance des plaiſirs criminels auxquels il ſe li vre aveuglément. Point de charité, point de ménagement pour la Re putation du Prochain ; en un mot, vous ne trouvez rien en lui de tout ce qui fait le veritable Chrêtien. Comme s'il n'etoit au monde que

pour

pour lui feul, il prend de tous côtez à crédit, & vit ainfi aux depens du Boulanger, du Boucher,
du Marchand de vin, &c. fans fe
mettre en peine qui payera. Toujours en colere & abbreuvé de fiel,
il ignore la vertu de pardonner, &
il n'epargne rien des qu'il s'agit de
vengeance. Bien loin d'avoir jamais
gouté le plaifir de faire du bien à
quelcun, il ufurpe frauduleufement
ce qui ne lui appartient point. Voilà ce qu'on appelle un Athée de
pratique, & il n'y en a point d'autres.

* Aimer Dieu à la Jefuite, & croire qu'on travaille utilemeut à fon
falut, en pratiquant certaines cere-
monies fort inutiles, c'eft fe tromper groffierement. Ainfi, Corian-
the, apprenez que vous n'accom-
pliffez point le precepte de l'A-
mour de Dieu en affiftant regulie-
rement à la Meffe & à vêpres, ni
vous, impudent Zoïle, en fre-
P 4 quen-

quendant periodiquement l'Eglife Wallone, puis que cette Devotion exterieure, ne vous rend ni meilleurs, ni plus fages, & que malgré toutes ces belles apparences, vous n'en êtes pas moins calomniateurs, & fcelerats à *triple fagot*. Pour vous, mignon Alcippe, qui faites profeffion publique d'irreligion (ce terme ne doit pas être pris tout à fait en mauvaife part) il femble que je n'ai rien à vous dire. Je veux pourtant bien vous avertir que la probité étant le premier principe du Déïfme, je voudrois que vous fuffiez un peu plus fage, & que, par une conduite irreprochable, vous vous fiffiez regarder comme un vrai Philofophe, delivré de toute fuperftition, & qui adore en Efprit & en verité le Dieu qui l'a crée. Apprenez de Ciceron *

que

* *Ad Divos adeuntò cafte, pietatem adhibento: qui fecùs faxit, Deus ipfe vindex erit.* Cic. de leg. l. 2.

que l'on s'approche des Dieux a-
vec un cœur pur ; que l'on se presente devant eux en esprit de Religion, & que quiconque en use-
ra autrement Dieu en sera le ven-
geur.

* Alcippe, Devot à triple eta-
ge, est muni d'un scapulaire & de
reliques qu'on dit qui ont la vertu
d'empêcher qu'on ne se noye, ou
qu'on ne se pende par un coup de
desespoir. Il observe les Carêmes
& les vigiles ; il ne peut souffrir
qu'un heretique *à fagots* se mocque de ses Devotions. He! que
n'a-t'on pas à craindre de lui? S'il
ne peut assez se venger par la medisance, il a recours à la Calomnie. Il faudroit donc le menager
& ne pas dire ouvertement qu'on
le regarde comme la proye du
Diable, en qualité de Normand,
de mauvais chrêtien, &c.

De là je conclus que la superstition n'empêche point qu'on ne soit

 très-

très-méchant. A peine Coribule,
dit trois mots, sans jurer le nom
de Dieu. Il charge d'imprecations
execrables ceux dont il croit avoir
sujet de se plaindre. Il parle en
tout tems & en tout lieu de ses pre-
tenduës bonnes fortunes, & il
s'explique là dessus, en termes si
obscenes, qu'il faudroit être de la
derniere impudence pour ne pas
rougir, quoique lui-même ne rou-
gisse de rien. C'est d'ailleurs un
homme qui en prend à toutes
mains. Il ment & médit éternelle-
ment. Il trompe tous ceux qui ont
le malheur d'avoir affaire à lui: il
sacrifie tout à la vengeance: il fait
des Debauches horribles, & à peine trouve-t'il sur le P * * * assez
d'Autels pour sacrifier à Venus la
saloppe, si non d'effet, du moins
de cœur & d'affection, persuadé
que la Déesse aura toujours pour
agréables ses foibles & impuissans
efforts. On peut le comparer à la
Rei-

Reine Marguerite, fille de Cathe-
rine de Medicis, qu'on nous a de-
peint comme un monſtrueux aſſor-
timent de vertus exterieures & de
vices réels. „ Ce fut au faux-bourg
„ St. Germain, dit Mezeray par-
„ lant de cette Princeſſe, qu'elle
„ tint ſa petite Cour le reſte de ſes
„ jours, melant biſarrement les vo-
„ luptez & la Devotion, l'amour
„ des Lettres & celui de la vanité,
„ la charité Chrêtienne & l'injuſti-
„ ce ; car comme elle ſe piquoit
„ d'etre vuë ſouvent à l'Egliſe,
„ d'entretenir des hommes ſavants,
„ & de donner la dixme de ſes
„ revenus aux Moines, elle faiſoit
„ gloire d'avoir toujours quelque
„ galanterie, d'inventer de nou-
„ veaux divertiſſemens, & NB.
„ *de ne payer jamais ſes dettes.*
* A la honte des Chrêtiens,
nous trouvons, en feuilletant les
vieux livres, que les Payens nous
ſurpaſſoient de cent Piques en ten-
dreſ-

dreſſe, en humanité, & en Amour pour le Prochain. Toutes les Sectes des Philoſophes ſe ſont réunies ſur cet article. Platon le Divin ou le Diabolique, mettoit entre les principales perfections celle d'aimer les hommes, & cette opinion lui étoit commune avec les Philoſophes *Ambulants*, ou Peripatheticiens.

* L'Amour que nous devons avoir pour le Prochain, nous engage à bien plus qu'à ne le pas hair, & je defie les Moraliſtes les plus relachez, Mrs. les Jeſuites, de conteſter mes principes ſur ce ſujet. Nous devons procurer aux autres toutes les commoditez que nous recherchons pour nous mêmes, & leur faire tout le bien dont nous ſommes capables. Le Paganiſme eſt en cela du plus parfait accord avec le Chriſtianiſme. Un Simplicius, idolatre *Brulable*, nous dit que l'honnête homme doit faire du bien à

tout

tout le monde. Un Marc Antonin nous apprend que la nature humaine exige de nous que nous ayons foin de tous les hommes. Mais voici quelque chofe de plus. Un ancien Poëte Grec, quoique la *Penaille* Poëtique ne vaille pas grand argent, s'explique prefque dans les mêmes termes de l'Ecriture*. C'eft Phocilide, fi ma memoire ne me trompe qui dit : ,, Donnez retraite ,, à ceux qui n'ont point de cou- ,, vert. Conduifez les aveugles. ,, Ayez pitié de ceux qui ont fait ,, neufrage, car la navigation eft pe- rilleufe & difficile. Tendez la main ,, à ceux qui font tombez fecou- ,, rez ceux qui n'ont perfonne au- ,, près deux qui puiffe les tirer du ,, danger ou ils fe trouvent ...... ,, fi une Bête, fut-elle à votre En- ,, nemi, eft tombeé fur votre che- min,

---

* V. *Exod.* XXIII, 4. & *Deuteron.* XXII, I. &c.

„ min, relevez la. Ne vous de-
„ tournez point pour éviter de
„ rendre ſervice à une perſonne
„ qui s'eſt égarée, ou qui eſt bat-
„ tuë d'une furieuſe tempête. *C'eſt*
„ *ainſi que* Dieu qui nous a fait
„ mortels, veut que nous nous aſ-
„ ſiſtions * les uns les autres', &
„ que par ces ſecours mutuels cha-
„ cun tache de detourner de deſſus
„ la tête d'autrui , les malheurs
„ qu'il aprehende pour lui-même.
„ Et ce n'eſt pas tant affection ou
„ reſpect pour ceux à qui l'on rend
„ de Pareils offices , que crainte

pre-

* *Voluit nos ille mortalium artifex Deus in commune ſuccurere, & per mutuas auxiliorum vices in altero quemque quod pro ſe timeret aſſerere. Nondum hac caritas eſt, nec perſonis impenſa reverentia, ſed ſimilium accidentium providi metus, & communium fortuitorum religioſus horror. In aliena fame ſui quiſque miſeretur. Sic cibus obſidio partitur, ſic inopiam pariter navigantium frequenter unius alimenta paverunt. Hinc & ille venit affectus, quod ignotis cadaveribus humum congerimus, & inſepultum quodlibet corpus nulla feſtinatio tam rapida tranſcurrit, ut non quantulocumque veneretur ageſtu.* Quintil. Declam. V.

„ prevoïante de semblables accidens
„ & frayeur Religieuse des revers
„ de la Fortune, auxquels nous
„ sommes tous sujets; en un mot
„ ce sont tous sentimens interessez.
„ Dans la disette† d'autrui, cha-
„ cun a pour ainsi dire, compassion
„ de lui-même. C'est ainsi que pen-
„ dant un siege, on partage ses
„ provisions avec les autres Assie-
„ gez ; & que quand les vivres
„ viennent à manquer sur Mer,
„ une seule personne en fournit sou-
„ vent à tous ceux qui sont dans
„ le vaisseau. De là vient encore
„ ce mouvement de compassion
„ qui porte à ensevelir les corps
„ morts que l'on trouve, & à jet-
„ ter du moins dessus quelques
„ poignées de terre, si pressé que
„ l'on soit de continuer sa route.

* Il

† C'est ce qui est bien exprimé par cet ancien vers:

Homo qui in homine calamitoso est misericors
reminit sui.

* Il y á bien peu de personnes qui fassent attention aux paroles remarquables d'un Ancien †. *Je ne pense pas*, disoit-il, *qu'il soit d'un honnête homme de vouloir qu'on lui ait Obligation, quand il n'a rien fait qui le merite.*

* Franchement, l'ingratitude est un vice fort rare ; car il y a très-peu de personnes qui rendent des services assez essentiels, pour faire des ingrats ; ou qui ne diminuent, par des reproches, le prix de leurs bienfaits. Quand on voit le monde, on n'entend que plaintes sur l'ingratitude, mais doit-on croire les gens sur leur parole ? nullement. Dorillas dit par tout que Cariste devroit lui avoir de grandes obligations. Il l'a reçu chez lui ; il l'a admis à sa table

† Ego, Charine, neutiquam officium liberi
　esse hominis puto.
Cum is nihil promereat, postulare id gratiæ
　apponi sibi.
Terence. *Adr.* Act. II. Scen. I. v. 33. & 34.

table : il etoit dans le deſſein de
lui rendre ſervice en toutes Occaſions, & de faire tout ſon poſſible
pour le mettre en état de vivre auſſi honnorablement qu'un Auteur
peut le faire. Que n'auroit-il pas
ait pour ce Jeune etourdi, ſi, par
ſon ingratitude, il ne s'étoit rendu
abſolument indigne de ſon attention ? Doucement, Dorillas. Ne
vous échauffez point. Ecoutez
les raiſons de Cariſte qui vous parle par ma plume. Il avouë que
vous l'avez reçu chez-vous, mais
il dit qu'il n'étoit pas ſur le pavé.
Vous l'avez nourri, il en convient,
mais il a travaillé pour vous, &, loin
de le payer, vous ne lui en avez
pas temoigné la moindre recon-
noiſſance, quoique vous lui euſſiez
fait de grandes promeſſes. N'eſt-il
pas vrai qu'outre les Extraits auxquels il s'occupoit pour votre gros
& grand Ouvrage, vous lui aviez
promis de le guider dans la com-
Q poſi-

poſition de *quelque choſe de Joli*
dont il auroit & l'honneur & le
profit? A quelques jours de là, n
lui dites-vous pas d'un air empreſ-
ſé , que pour lui temoigner vo
bonnes intentions, vous voulie
l'occuper à une Collection d'Epi-
grammes, tradutes ou imitées de
Martial? Vous ajoutâtes que ce
n'etoit pas là la ſeule recompenſe
qu'il devoit attendre de vous, &
que quand vos affaires ſeroient en
meilleur état, vous lui donneriez
des marques de votre reconnoiſſan-
ce. Il eſt vrai que vous ne vous
engagiez pas beaucoup, car vous
étiez alors dans une très-maigre ſituation; &, ſoit dit par parenthe-
ſe, je ne crois pas que vous ſoyez
encore beaucoup remplumé. Mais,
Cariſte comptant ſur le preſent,
commença ſon Recueil. Lors qu'il
fut fini, il vous le communiqua.
Vous le trouvates alors ſi peu *In-
forme*, que vous le *Voiturates* chez

tous

ous les Libraires de........ mais
pas un ne put, ou ne voulut l'imprimer. Dans la fuite, vous avez
voulu vous approprier ce Recueil,
& quand vous avez-vû qu'il étoit
annoncé dans les Gazettes, fous
le nom de Carifte, vous avez pouf-
fé l'impudence jufqu'à dire qu'on
vous l'avoit volé. Telle a été votre conduite à l'egard du Jeune
homme que vous accufez d'ingratitude. Dites après cela que vous
n'avez pas merité de l'avoir pour
Ennemi? Vous ne devez attribuer
qu'à votre mauvaife foi fon re-
froidiffement à votre égard. Le
revers de fortune qui vous à rendu invifible pendant quelques jours,
n'y a pas la moindre part. Il n'a
pas l'ame affez lâche, ni les inclinations affez rempantes pour meprifer dans l'adverfité, ceux qu'il
a aimé dans d'autres circonftances.
Si Dorillas étoit honnête homme,

Q 2

riche

riche ou pauvre, il feroit l'ami de Carifte.

    * Oh! vraiement je me fuis bien trompé dans mon Calcul : je croyois finir ici mes Reflexions fur l'ingratitude, mais voici une Lettre qu'on me prie d'y Joindre.

Monfieur le Moralifte.

    „ JE m'adreffe à vous pour la de-
„ cifion d'un cas qui boulever-
„ fe toute l'œconomie de ma pe-
„ tite machine fpirituelle. J'ap-
„ prens que Blorinde, hardi & fade
„ cenfeur, me fait paffer dans
„ le monde pour un ingrat. Voi-
„ ci ce qui a donné lieu à cette o-
„ dieufe accufation. Imaginez-
„ vous, qu'il s'agit entre nous de
„ la traduction d'un ouvrage La-
„ tin, par exemple du *Leviathan*
„ *de Hobbes.* Après avoir fait no-
„ tre accord à tant par feuilles,
„ j'ai travaillé à cet ouvrage. J'en

avois

„ avois traduit deux ou trois feuil-
„ les, lorſque Blorinde me pria
„ de lui remettre l'original, diſant
„ qu'il me le rendroit dans ſept ou
„ huit jours. Ce terme étant expi-
„ ré, j'allai chez B * * qui me fit
„ dire honnêtement à la porte
„ qu'il n'étoit pas au logis. Cette
„ Scene aiant été réïterée pluſieurs
„ fois, j'ecrivis une Lettre fort vi-
„ ve à Blorinde, & depuis ce
„ tems-là, ce fat en trois lettres,
„ m'accomode de toutes piéces,
„ & me peint des plus noires cou-
„ leurs. Dites moi, Je vous prie,
„ ſi je ſuis ingrat, &c. "

PHILEMON.

Tranquilliſez-vous, Philemon;
ſi le fait eſt tel que vous le rapor-
tez, votre conſcience eſt en bon
état; & pour vous dire tout naturellement ce que j'en penſe, je
crains bien que ceux qui liront votre Lettre, ne diſent de Blorinde,

Q 3 ce

ce que Boileau diſoit du fameux
Rollet :

> J'appelle un Chat un Chat, & B * * * un
> fripon.

* La pieté, non plus que toute
autre vertu ne conſiſte point en de
vains dehors ; & le culte que nous
devons à Dieu, eſt un culte plein
de reſpect, un culte bon & ſaint,
qui exige beaucoup d'innocence &
de pieté, avec une inviolable pu-
rété de cœur & de bouche.

Mais ce qu'on appelle aujour-
d'hui *Devotion*, qui eſt, dit-on,
une ſuite neceſſaire de l'Amour de
Dieu, eſt une ſuperſtition toute pure. Bien loin qu'elle ait le moindre
raport à une pieté mâle, ferme &
conſtante, rien n'y eſt plus contraire. Un ancien reconnoit * que
la

---

* *Religentem eſſe oportet Religioſum neſas.*
Aulugelle l. IV. c. 9.

la superstition est un crime, & un autre nous la fait envisager comme plus criminelle que l'Atheisme.

* L'Amour de Dieu est le devoir le plus essentiel, & le plus indispensable du Christianisme. Il ne faut pour s'en convaincre, que savoir lire & ouvrir les Livres sacrez. A l'aide du sens commun, on y trouvera à chaque page cette verité solidement établie. Deux motifs entr'autres doivent nous engager à faire à Dieu un entier sacrifice de nôtre cœur & de toutes nos facultez. Le 1. est fondé sur ce que nous lui devons tout, & le 2. sur ce que nous devons tout attendre de lui: motifs qui nous obligent à l'aimer & d'amour de bienvueillance, & d'Amour de concupiscence. La Reconnoissance que nous devons avoir pour toutes ses bontez à nôtre egard, ne nous engage-t'elle pas à souhaiter qu'il soit glorifié,

& à y travailler même autant que nous le pourrons ? Ne devons nous pas souhaiter que sa volonté soit faite & par nous-mêmes, & par tout le reste du genre humain ? Ne devons nous pas être ravis qu'il possede autant de gloire & autant de perfections qu'il en a ? Tels sont du moins les sentimens de tous les veritables Enfans de Dieu. Or, c'est justement en cela que consiste l'Amour de bienvueillance.

J'ajoute que l'homme peut & doit avoir pour Dieu l'amour de *concupiscence*; c'est à dire, suivant mes solides & magnifiques idées, qu'on doit se souhaiter à soi-même & aux autres, la possession de cet Etre infini, qui nous commande, nous ordonne & nous enjoint expressement, de l'Aimer de tout notre cœur, de toute notre ame & de toutes nos forces *.

L'o-

* Deut, 6. 4.

* L'obligation d'aimer Dieu est si conforme aux lumieres de la Raison, qu'elle a été connuë des Païens mêmes : car, sans parler de ceux qui, prêchant les bienfaits de la Divinité, soutenoient par une conséquence necessaire, la verité que nous venons d'etablir, combien n'y a t'il pas eu de Philosophes qui ont declaré expressement qu'il faut aimer Dieu ? Seneque vouloit que les maîtres traitassent humainement leurs Esclaves, & s'en fissent aimer plutot que de chercher à s'en faire craindre, de même que Dieu exige de nous plus d'Amour que de crainte. * *Je crains les Dieux*, disoit l'Empereur Julien, *je les aime,*

---

* *Quare non est quod fastidiosi te deterreant, quominus servis tuis, hilarem te præstes, & non superbè superbiorem; colant potiùs te, quam timeant : itane, inquit, prorsus colant tanquam clientes, tanquam salvatores, hæc qui dixerit, obliviscetur id Dominus, parum esse quod Deo satis est, qui colitur & amatur. Senec. Epist.*

Q 5

*me, je les respecte comme de bons
maîtres & de bons Peres.*

* La volupté est la Passion la plus
generale que l'on connoisse, puis
qu'elle est celle de l'un & de l'autre
Sexe, des Jeunes & des vieux, des
Grands & des petits, des savans
& des ignorans. Elle est d'ailleurs
très forte, puis qu'elle triomphe
de toutes les autres passions. L'histoire sacrée & prophane nous en
fournit mille preuves. Et pour faire ici un petit étalage de Litterature, Alexandre, dit le Grand,
l'homme le plus ambitieux qui fut
jamais, & vainqueur de presque
tout l'Univers, ne fut-il pas vaincu lui-même par la volupté? Her-
cule après avoir vaincu je ne sais
combien de monstres, n'apprit-il
pas à filer pour faire sa Cour à Om-
phale? Parcourons l'histoire Sacrée. A quels excès la volupté ne
porta-t'elle pas Samson, David &
Salomon, ce mignon de la sagesse?
Elle

Elle fit perdre la vie au premier, elle fit commettre au fecond deux crimes horribles, & jeta le troifié-me dans l'Idolatrie. Tant il eft malaifé à ceux là mêmes qui font ce qu'il y a de plus difficile, & qui femblent triompher de tout, de refifter au funefte pouvoir du plaifir.

* Avouons de bonne grace, qu'un Athée, qui, par fes habitu-des criminelles, feroit venu à bout d'etouffer les remords de fa Confcience, & qui ne craindroit rien du coté des hommes, avouons, dis-je, qu'un genie de cette trempe, pourroit être le plus grand fcelerat que la terre eut porté. Peut-être regarderoit-il fes defirs comme fa derniere fin, & comme la feule regle de toutes fes actions. Il fe mocqueroit de ce qu'on appelle *vertu & honnêteté*, & il ne fuivroit, felon toutes apparences, que les mouvemens de fa convoitife.

tife. Il ne manqueroit pas de se dé-
faire de tous ceux qu'il haïroit. Il
feroit de faux fermens pour la moindre chofe ; en un mot, il n'y a
point de crime qu'on ne dût attendre de lui. Un autre qui n'auroit
rien à craindre de la part dès hommes, pourroit être du moins rete-
nu par la crainte des Dieux. * C'eſt
par là qu'on a tenu de tout tems
en bride les paſſions des hommes:
& il eſt ſûr qu'on a prevenu quantité de crimes dans le Paganiſme,
par le foin qu'on avoit de conferver la memoire de toutes les puni-
tions éclatantes des fcelerats, de
les attribuer à leur impieté, &
d'en fuppofer même quelques exemples, comme étoit celui qu'on de-
bita du tems d'Augufte à l'occafion
d'un † Temple d'Afie, pillé par les
Sol-

Virgil. Æneid. l. 1.

† Balzac entret. 34. c. 3.

Soldats de Marc-Antoine. On difoit que celui qui avoit mis le premier la main fur l'image de la Déeffe qui étoit adorée dans ce Temple, avoit perdu la vuë fubitement, & étoit devenu Paralytique de toutes les parties de fon corps. Augufte voulant éclaircir le fait, apprit d'un vieux Officier qui avoit fait le coup, non feulement qu'il s'étoit toujours bien porté depuis ce tems-là, mais auffi que cette action l'avoit mis à fon aife pour toute fa vie. Tel étoit encore ce qu'on debitoit de ceux qui avoient la temerité d'entrer, malgré la defenfe qui en étoit faite, dans un Temple d'Arcadie confacré à Jupiter; c'eft que leur corps ne faifoit plus d'ombre après cette action *. Apparemment l'hiftoire de la mort fubite de cet Envoïé des Latins, qui avoit parlé peu refpectueufement de Jupiter

des

---

* *Theopompus apud Polyb.*

des Romains en plein fenat, fur
la quelle Tite Live * n'ofe rien a-
vancer de pofitif ; à caufe qu'il
voyoit que les auteurs étoient par-
tagez là-deffus, eft une femblable
fraude pieufe. † Mais s'il y avoit
des Athées, qui euffent affoupi
leur confcience, & éteint les lumieres de la raifon, tout cela ne
pourroit faire aucune impreffion
fur eux; delorte que, s'ils étoient
en même tems au deffus de la
crainte des loix, ils feroient ne-
ceffairement les plus grands & les
plus incorrigibles fcelerats de l'U-
nivers. Heureufement, la fuppo-
fition ne peut avoir lieu, car fans
compter qu'il n'y a point d'A-
thées, tous les Etats ont leurs
loix, & partout on punit rigoureufement les crimes.

Bien

* *nam & vera effe, & aptè ad repræfentandam
iram Deûm ficta, poffunt.* Tit. Liv. Decad. 1. l. 8,
† V. Bayle, *penfées diverfes* to. 1.

*Bien plus. Je suis d'opinion, qu'il est impossible de détruire entierement les idées qui nous aprennent à distinguer le vice de la vertu. J'avoüe pourtant que ces premieres *Notions* étant deja fort obscurcies par le Peché d'Adam, il est très facile à des gens qui veulent faire profession de debauche, de les obscurcir encore d'avantage. Au lieu que nous ne pouvons les rendre claires & lumineuses, sans qu'il nous en coûte des peines infinies. Il faut mediter incessamment sur ses devoirs, tâcher de ne point contracter de mauvaises habitudes, & sur tout, lire souvent l'Ecriture Sainte; car elle *est une lampe à nos pieds, & une lumiere, à nos sentiers**. C'est un remede universel, & applicable à tous nos maux. D'où vient que St. Basile a dit que

la

* Pseaume 118. vf. 105.

la meditation des Divines Ecritures
eſt la voïe la plus commune & la
plus uſitée que l'homme puiſſe ſuivre, pour découvrir ſes devoirs. Outre qu'on y trouve des preceptes
qui nous obligent à faire certaines
actions, on y voit une deſcription
vive & pour ainſi dire animée de
la conduite qu'ont teuuë de ſaints
perſonnages , ce qui peut mieux
que toute autre choſe, nous porter
à imiter leurs bonne œuvres *. Le
même Docteur fait beaucoup valoir
les prerogatives & l'utilité de l'E-
rudition & du ſçavoir. L'ame
ſans ces ſecours, n'eſt guere propre
à la vertu, de même qu'un champ
en

---

* *Via ampliſſima ad invenienda officia eſt me-*
ditatio ſcripturarum divinitùs inſpiratarum. In
his enim praterquam quòd actionum pracepta in-
veniuntur, etiam vita ſanctorum ac beatorum ho-
minum praſcripta ac tradita, quaſi imagines qua-
dam viva, & ſpirantes converſationis vitaque ſe-
cundùm Dei voluntatem inſtituenda , imitatione
bonorum operum, propoſita ſunt. Baſil. ad Gregor,
Theol. Epiſt. 1.

en friche & qui n'est pas arrosé,
ne peut ni nourrir, ni donner l'ac-
croissement à la semence qu'il renferme dans son sein.

* Ainsi, quoique tout homme à
Reflexions connoisse, ou soit en
état de connoître ses devoirs, il est
toujours utile, de les lui remettre
à toute heure devant les yeux. Il
y a très-peu de personnes qui con-
sultent les lumiéres de la raison,
ou qui cherchent dans l'Ecriture à
connoître la volonté de Dieu. Ceux
même qui le font, y apportent
d'ordinaire certains prejugez qui
rendent toutes leurs Recherches
inutiles.

* Que croiroit-on que les Païens
exigeoient de ceux qu'ils recevoient
liberalement chez eux, & qu'ils
combloient de bienfaits? Rien autre chose que de la reconnoissance.
Quelle generosité! Ou trouveroit-
on aujourd'hui de pareilles gens?
Je ne sache qu'un homme au mon-

de qui fasse du bien, par le seul plaisir de tirer un homme de la misere. Cela est si vrai, que quoiqu'il ait été souvent payé d'ingratitude, il est toujours prêt à obliger le premier venu. Il se sacrifie, pour rendre service, à un homme qui se trouve dans l'embarras. Chrysiphon, sorti de son couvent pour un Commerce de galanterie, se refugie dans un Païs Protestant, où, ne sachant que faire, il abjure sa Religion, & endosse la Reforme de Calvin. Mais comme on fut aussitôt las de cet animal que de tous ses semblables, il se vit reduit à la dure nécessité d'implorer le secours des bonnes Ames. Malgré son exterieur hypocrite, personne ne fit cas de lui; & enfin il s'avisa, dans cet *abandon* general, d'exposer *archi-pathetiquement* sa misere à nôtre Philosophe. Il en fut bien reçu, & après avoir demeuré quatre ans chez lui, le premier

pas

pas qu'il fit vers l'ingratitude, ce fut d'en . . . . ser sa servante. Et quelques années après, il publia un infame libelle contre son bien-faiteur. Quelle damnable lacheté! Un homme qui se fait gloire d'être Philosophe, peut-il agir d'une maniere si opposée à la loi naturelle? Les seules lumieres du bon sens, & de la raison, nous prescrivent la reconnoissance. Bien plus. Elles nous apprennent que nous ne devons jamais recevoir aucun bien-fait, que nous ne soyons dans l'intention de faire tout nôtre possible, pour empêcher que le bienfaiteur n'ait lieu de se repentir de ce qu'il a fait pour nous. Si nous ne sommes pas dans cette disposition, il faut refuser tous les services qu'on veut nous rendre. Car, selon la judicieuse remarque de Ciceron *, il

---

* *Nullum enim officium referendâ gratiâ magis necessarium est. Quod si ea, quæ utenda acceperis, majora mensura, si modo possis, Jubet reddere*

Hesio-

il n'y a point de devoir plus indif-
pensable que de faire du bien à
ceux de qui on en a reçu. Que si
le Poëte Hesiode veut que ceux
qui ont emprunté quelque chose,
le rendent, s'il est possible, avec
usure; que ne devons nous pas faire pour temoigner nôtre reconnoif-
sance à ceux qui nous ont prevenu
par leurs bienfaits ? Ne devons
nous pas imiter ces terres fertiles,
qui raportent beaucoup plus qu'elles n'ont reçu. Si nous rendons
volontiers service à ceux de qui
nous esperons quelque bien, avec
quel empreffement ne sommes nous
pas obligez de nous employer en
faveur

Hesiodus: quid nam beneficio provocati facere de-
bemus? An imitari agros fertiles, qui multò plus
efferunt, quam acceperunt? Et enim si in eos,
quos speramus nobis profuturos, non dubitamus
officia conferre: quales in eos esse debemus, qui
jam profuerunt? nam cum duo genera liberalitatis
sint, unum dandi beneficij, alterum reddendi:
demus, nec ne, in nostra potestate est: non redde-
re viro bono non licet, modo id facere possit sive in-
juriâ. **De Offic. l. 1. c. 15.**

aveur de ceux qui nous en ont de-
'a fait ? il y a deux fortes de Libe-
alitez, dont l'une confifte à faire
du bien par pure generofité, &
l'autre à en faire par reconnoiffance. La premiere depend de nôtre
bon plaifir, mais l'autre eft un devoir dont un homme de bien ne
fauroit fe difpenfer, du moment
qu'il peut s'en acquiter fans faire
tord à perfonne. Sur quoi il faut remarquer que Ciceron renferme la
Reconnoiffance dans l'idée de la
Liberalité, par ce que, dit Puffendorff *, ni l'une, ni l'autre de ces
deux vertus ne fuit point des regles
auffi fixes, que celles de la juftice, qui ordonne de rendre precife-
ment ce que l'on doit par Con-
tract.

* Chez les anciens, comme chez
les modernes, tous les honnêtes
gens

* Droit de la nature & des gens liv. III.
ch. III.

gens ont eu horreur de l'ingratitu
de , & on l'a toujours regardé
comme un vice propre aux gen
brutaux & sottement orgueilleux
qui croïent que tout leur est dû
ou aux stupides qui ne font aucune
reflexion sur les bienfaits , qu'ils re-
çoivent , ou aux ames basses , qui
sentant leur foiblesse , & leur indigence , implorent humblement le
secours d'autrui , mais après l'avoir
obtenu , haïssent leur bienfaiteur,
par ce que n'aiant pas la volonté
de rendre la pareille , ou desespe-
rant de le pouvoir faire , se figurent tout le monde aussi interessé
& aussi mercenaires qu'eux , ensorte , que , selon leur opinion,
personne ne fait du bien que dans
l'esperance d'en recevoir à son tour,
ils croïent avoir été la Duppe de
ceux qui leur ont rendu service. *

Sene.

---

* Descartes *des passions;* Artic. CXCIV.

* Seneque dit hardiment, que l'hommicide, la Tyrannie, le larcin, l'Adultere, le rapt, les sacrileges, la trahison & en un mot tous les plus grands crimes viennent de l'ingratitude *. Ce Philosophe raconte ensuite la maniere singuliere dont le Roi Philippe punit un Ingrat. Un Soldat avoit fait naufrage, & aiant eté bien reçu par un Macedonien, auprès de la maison duquel il avoit eté jetté par la violence des flots, quoiqu'il n'en fut pas connu, temoigna en être fort reconnoissant. Cependant il alla saluer le Roi auquel il étoit recommandable par sa bravoure. Il lui conta l'accident qui lui étoit arrivé, & demanda

pour

* *Erunt homicidæ, tyranni, fures, adulteri, raptores, sacrilegi, proditores, infrà ista omnia ingratus est, nisi quod omnia ista ab ingrato animo sunt, sine quo vix ullum magnum facinus accrevit, hoc tu Cave. tanquam maximum crimen ne admittas. Senec. de benef. l. 1. c. 10.*

R 4

pour dedommagement de la perte qu'il avoit foufferte, le bien de fon Hôte, dont il taifoit les bons offices qu'il en avoit reçu. Philippe lui accorda fa demande. L'hôte furpris & irrité, écrivit très-librement au Roi, & lui manda tout ce qu'il avoit fait pour le Soldat. Le Prince, à la lecture de cette Lettre, entra dans une colere très-vive. Il ordonna que l'ancien maître reprendroit fon bien, & qu'on marqueroit fur le front du Soldat le crime qu'il avoit commis.

* On doit laiffer aux hommes la Liberté de croire ce qu'ils veulent, & de profeffer la Religion qui leur femble la meilleure. Dieu feul étant maître de nos Confciences, c'eft empiéter fur fes droits que de donner atteinte à cette liberté. C'eft à Dieu à voir fi nos erreurs viennent de quelque mauvais principe. Il n'y a que lui, à qui on

foit

ſoit obligé d'en rendre compte, comme il n'y a que lui qui puiſſe juger de la droiture ou de l'obliquité de nos intentions.

* Cependant, on ne doit point inferer de ce Principe, qu'on doive tolerer dans une même Societé Eccleſiaſtique *toutes ſortes de ſectes & de Religions.* J'ai ſeulement voulu dire qu'il n'eſt point permis de les perſecuter, ni d'exclure legerement de nôtre corps ceux qui ne ſeroient pas de nôtre ſentimeut..
„ C'eſt ce que la modeſtie, la
„ Charité Chrêtienne, & le bien
„ de la Paix demaudent également
„ La ſimple Communion qu'on en
„ tretient avec quelqu'un, n'eſt
„ nullement une marque qu'on ap
„ prouve ſes ſentimens. On temoi
„ gue par là ſeulement qu'on ne
„ les regarde pas comme dange
„ reux pour le ſalut: & y a-t'il,
„ rien ou l'on doive être plus re
„ ſervé, qu'à porter un jugement

 cou-

,, contraire ; fur tout s'il ne s'agit,
,, comme il arrive fouvent que de
,, matieres de pure fpeculation, ou
,, d'Opinions que l'on croit fujet-
,, tes à de mauvaifes confequen-
,, ces, mais que les Partifans de
,, ces Opinions ne reconnoiffent
,, ni en elles mêmes, ni comme
,, fuivant de leurs Principes ? Crai-
,, gnons d'empièter fur les Droits
,, de Dieu, & de faire tord à fa
,, bonté & à fa fageffe, toutes les
,, fois qu'il s'agit d'exclurre du fa-
,, lut, autant qu'en nous eft, des
,, gens que nous excluons de nô-
,, tre focieté, pour des erreurs qui
,, nous paroiffent damnables, mais
,, qu'il n'y a que Dieu qui puiffe
,, favoir certainement fi elles le
,, font. Il eft d'ailleurs fort à crain-
,, dre que de telles condamnations
,, ne foient fecretement fuggerées
,, par un tout autre principe, que
,, par la crainte des mauvais effets
,, de l'Opinion qu'on profcrit. La
haine

„ haine pour les perſonnes ſe me-
„ le aiſément à l'horreur qu'on a
„ de leurs ſentimens. Et l'attache-
„ ment qu'on a aux ſiens propres,
„ inſpire aiſément cette horreur
„ pour ceux d'autrui. Il empêche
„ du moins qu'on ne voie, ou
„ qu'on ne vueille voir les inter-
„ pretations favorables, que peu-
„ vent recevoir des opinions, qui
„ d'ailleurs paroiſſent fauſſes, ou
„ le ſont effectivement. C'eſt un
„ abus de s'imaginer que la plus
„ ferme perſuaſion ou l'on eſt ſoi-
„ même, & la plus grande Evi-
„ dence qui nous frappe, ſoit in-
„ compatible avec des ſentimens
„ de modeſtie, & de charité, par
„ raport à ceux qu'on croit être
„ dans l'erreur. Quand on voit ſur
„ tout que des opinions qu'on ju-
„ ge dangereuſes, n'ont aucune
„ influence ſur la conduite de ceux
„ qui les profeſſent, qu'ils ſont
„ autant ou plus exacts à remplir

les

„ les devoirs de la vertu & de la
„ pieté, que les plus zelez pour le
„ fentiment contraire; qu'elle re-
„ pugnance ne doit-on pas avoir à
„ temoigner le moins du monde
„ que l'on regarde comme exclus
„ du falut, ou en danger de l'être,
„ des gens en qui l'on voit briller
„ les marques les moins équivo-
„ ques d'une difpofition falutaire.*„
Cela étant, que doit-on penfer du
finode de * * * * qui a condamné fi
feverement les Arminiens? Quelles étoient leurs erreurs, pour être
traités avec fi peu de menagement?
Et qu'y a-t'on gagué? On a mul-
tiplié le nombre des Partifans de
cette Secte, enforte que les Acade-
mies de Geneve, de Laufanne, &
bien d'autres, font aujourd'hui remplies de Remontrants. Bien plus.
On préche publiquement dans ces
Eglifes l'univerfalité de la Grace,

&

* Barbeyrac Traité de la morale de Peres.
Ch. XII. §. 24.

& c'eſt aujourd'hui le ſiſtème des Theologiens & du Peuple. Cela eſt ſi vrai qu'étant à Geneve en 1727. un Jeune Miniſtre, nommé Mr. Deroches, prêcha cette Doctrine dans l'Egliſe de St. Pierre. J'en fus ſcandaliſé, & je refutai ſon Sermon par une Lettre en forme de Dialogue : il me fut impoſſible de faire imprimer ce petit ouvrage, & en aiant ſemé quelques copies manuſcrites, je m'aperçus bien-tôt que j'avois revolté contre moi mes meilleurs amis, gens qui, pour la plupart, n'entendoient point la matiere. A Lauzanne, outre tout ce qui s'y eſt paſſé au ſujet du *Conſenſus,* le Conſeil de Berne a été obligé d'y mettre depuis peu un nouveau Profeſſeur, très-honnête homme, & Zelé Ortodoxe, pour s'oppoſer aux progrez de l'Arminianiſme, mais ſes ſoins ne réuſſiſſent guere. Or, je ſoutiens que la Secte d'Arminius n'eſt devenuë ſi nombreuſe, que

par

par la rigueur des Canons du finode de * * * Moins de feveri-
té, auroit été plus conforme à l'Efprit de l'Evangile, & plus convenable à des gens qui déclament fort
& ferme contre les Decrets du Concile de Trente. " Ce qu'il y a au
„ moins de certain, c'eft que, fi
„ l'on s'eft fait une Loi de ne pas
„ fouffrir dans la focieté Ecclefiaf-
„ tique de certaines opinions
„ qu'on croit dangereufes pour le
„ falut, on n'a ici encore d'autre
„ droit, que de déclarer paifible-
„ ment à ceux qui les foutiennent
„ & qui y perfiftent, que n'aïant
„ pas les Qnalitez requifes dans
„ les membres d'un tel corps, on
„ ne peut plus les regarder comme
„ tels: de même qu'on en ufe dans
„ toutes les autres Societez con-
„ tractées volontairement, & fous
„ certaines conditions. Du refte,
„ on ne peut legitimement ufer en-
„ vers eux de la moindre vexa-
tion

„ tion. * „ Il feroit à fouhaiter que Calvin eut été imbu de ce Princi-pe, & qu'il n'eut pas fait à fa memoire une tâche ineffaçable en faifant bruler Servet le 27. Octobre 1553, Quoiqu'aient pû dire certains Auteurs pour Juftifier ce favant & Zélé Reformateur, fi l'on examine le fait fans prevention, je m'affure que l'on avouera, fansdifficulté que ce n'eft pas là le plus bel endroit de fa vie.

* Je dois parler maintenant de la *Tolerance Civile.* Elle confifte à l'aiffer dans un Etat la liberté de confcience à ceux qui ne font pas de la Religion dominante, ou qui s'en font feparez, ou en ont été exclus pour quelques opinions particulieres. Il me paroit inconteftable que les Souverains n'ont point le Droit de priver leurs Sujets de cette Liberté, moins encore de les con-

* Barbeyrac *ubi fup.* §. 25.

contraindre à embraſſer tels ou tels
ſentimens qu'ils croient faux. La
Religion conſiderée en elle-même
eſt hors de la juriſdiction des Princes. Leur pouvoir, à cet égard,
ne s'étend que ſur ceux qui enſei-
gneroient, ſous ce pretexte, quelque choſe qui fut contraire aux
bonnes mœurs ou defendu pour
des raiſons d'Etat, quoiqu'indiffe-
rent de ſa nature. Le Souverain
peut & doit punir les *troubles-re-*
pos, qui font des choſes certainement mauvaiſes, & contraires à
l'ordre établi dans un Etat; mais il
n'en eſt pas de même des erreurs.
Quelques pernicieuſes qu'on les
croie pour le ſalut, elles ne cauſe-
ront jamais de deſordres dans la Societé civile, pour vû que le Souverain ait le ſoin de tenir la balance
égale entre les gens de divers partis, pourvû que les uns & les autres n'aient point de ſentimens qui
les portent à la revolte. "Rien n'eſt
plus

„ plus faux qu'une maxime de Po-
„ litique toute contraire dont les
„ Ecclefiaftiques éblouiffent les
„ Souverains, pour dominer eux
„ mêmes fur les Confciences, &
„ pour avancer d'ailleurs leurs in-
„ terêts temporels. Ils font fonner
„ fort haut que le bien d'un Etat
„ veut qu'il n'y ait qu'une Reli-
„ gion, parce, difent-ils, que la
„ diverfité de Religions produit
„ des Divifions & des troubles.
„ Mais ce n'eft nullement la diver-
„ fité des Religions, qui caufe
„ par elle-même ces mauvais effets:
„ c'eft au contraire l'Intolerance,
„ qui veut élever un parti fur les
„ ruines de l'autre. * " Mais enfon-
çons la matiere.

Si les Princes avoient droit de
géener les Confciences, il faudroit
qu'ils l'euffent reçu de ceux qui fe
font

___

* Barbeyrac Traité de la morale des Peres.
ch. XII. §. 32.

S

sont soumis à eux volontairement;
car je comprens bien qu'on ne dira
pas qu'ils le tiennent de Dieu. Or il
est certain que les hommes, en se
réunissant pour vivre en Société &
former les Etats, ne se sont point
depouillez du plus beau & du plus
considérable de leurs privileges,
qui est, sans contredit, celui de
servir Dieu de la maniere que chacun croit lui être la plus agréable.

J'ajoute que quand-même ils
l'auroient fait, & qu'ils se seroient
pleinement soumis en matiere de
Religion au jugement & à la volonté du Souverain, celui-ci n'en
auroit pas acquis plus de Droit,
comme le remarque Barbeyrac;
parce que ce n'est pas une des choses, dont il est libre à chacun de
disposer à sa fantaisie. ,, Un homme
,, ne peut jamais donner à un autre
,, homme un pouvoir arbitraire sur
,, sa vie, dont il n'est pas maître
lui-

„ lui-même. Mais il est encore
„ moins maître de sa conscience,
„ dont l'Empire appartient telle-
„ ment à Dieu que les autres hom-
„ mes, quoiqu'ils veuillent, quoi-
„ qu'ils fassent, ne sauroient veri-
„ tablement y en exercer aucun.
„ Les plus grands efforts de la vio-
„ lence n'aboutissent ici qu'à faire
„ des hypocrites. On peut faire
„ semblant de croire; mais on n'en
„ croit pas plus pour cela. Quel-
„ qu'envie même qu'on ait de
„ croire, on ne sauroit se persua-
„ der à soi-même le contraire de
„ ce qui nous paroit vrai, tant qu'il
„ ne se presente aucune raison ca-
„ pable de faire impression sur nos
„ esprits. Or, bien loin qu'une
„ force exterieure puisse produire
„ cet effet, elle en produit un tout
„ opposé. Dieu lui-même ne se sert
„ ici de sa puissance infinie, que
„ d'une maniere proportionée à la
„ nature de la Religion, & de nos

 En-

,, Entendements si par lui-même,
,, ou par ses ministres, il* *emmene*
,, *toutes nos pensées captives, &*
,, *les soumet à l'obéissance de* Jesus
,, Christ, s'il triomphe de nos er-
,, reurs, ce n'est que par l'éclat
,, victorieux de la verité, par des
,, *Armes non Charnelles* †. l'Apotre
S. Paul, qui, avant sa conversion,
en avoit employé de *Charnelles*, est
celui qui depuis declare hautement,
qu'elles ne conviennent point à sa
milice : & qu'il a eu besoin de toute la *Misecorde de* Dieu, pour avoir
été un *Persecuteur, un homme vio-*
lent, quoiqu'il agit alors par ignorance & de bonne foi ‡. D'où je
conclus que la persecution est une
de ces choses si hautement & si vi-
siblement condamnées par la loi naturelle, qu'il est bien difficile de
s'en disculper.

D'ail-

⸭.II. Corinth. X. vs. 5.
† II. Cor. Ch. X. vs. 3.
‡ I. Timoth. I. vs. 13.

D'ailleurs, la Liberté de conscience étant très-avantageuse à
l'Etat, il n'est guere convenable
aux Souverains de la ravir. Que
cette liberté soit un bien, c'est ce
dont on ne peut douter. Nous en
avons un exemple sous les yeux.
Qu'étoit-ce que la Hollande sous
le Gouvernement des Espagnols,
& quand *l'inquisition* y faisoit les
plus horribles ravages ? Qu'étoit
ce avant qu'on y jouit de cette pre-
cieuse liberté qui y fait maintenant
fleurir le commerce, & qui la rend
la plus belle, la plus riche , la
mieux Peuplée, & la plus puissante
Republique, je ne dis pas de l'Europe, mais du monde entier? Les
Reformez, les Juifs, & les Catholiques Romains y professent libre-
ment leurs Religions , sans qu'il
en naisse le moindre inconvenient.
Il en seroit de même partout ailleurs si les Souverains connoissoient
bien leurs intérêts. Qu'en revient

 il

il après tout de perſecuter les gens!
La Religion ne peut être forcée
C'eſt ce qu'a fort bien remarqué
Tertulien † qui dit, parlant au
Païens: „ Puisque le ſervice des
„ Dieux eſt un pur acte de volon
„ té, il ſemble qu'il y ait de l'in
„ juſtice de contraindre des hom-
„ mes libres, à leur offrir des ſa
„ crifices, & que ce ſoit choſe ri-
„ dicule de les obliger d'honorer
„ les Dieux malgré eux, attendu
„ que de leur propre mouvement,
„ ils doivent être portés par leur
„ interêt à rechercher leur faveur,
„ ſi ce ſont de vrais Dieux; il ne
„ faut par leur ravir l'avantage que
„ leur donne la liberté de leur na-
„ ture.   Il leur doit être permis
„ de dire: je ne veux pas que jupi-
„ ter me ſoit favorable: Qui êtes
„ vous vous qui voulez faire violen-
„ ce ſur ma volonté? je ne crains
                                      point

† *Tertul. Apologet.* C. 28.

„ point Janus, je me ris de sa co-
„ lere, de quelque coté de ses deux
„ visages qu'il me regarde. Quel
„ pouvoir avez-vous de vous méler
„ de ce qui me touche?

Il suit de tout ce que nous
venons de dire, que quand même
il y auroit dans la societé civile
des Athées de speculation, on ne
devroit pas les punir pour cela seul
qu'ils seroient Athées. S'ils ne
troublent point le repos public,
en tachant d'ébranler & detruire
l'opinion reçuë de l'existence d'un Dieu, à quoi bon
& en vertu de quoi les pu-
niroit-on? † „ La nature & le but
„ des peines que les Tribunaux hu-
„ mains infligent, ne demande
„ pas, ce me semble, qu'elles
„ soient mises en usage contre de
„ telles gens. Ils sont assez punis

S 4

par

† Barbeyrac Not. I. sur le §. 4. du ch. 4.
l. III. du Droit de la nature & des Gens,

„ par leur propre impieté, s'ils y
„ perseverent jufqu'à la mort.
„ Mais peut être qu'ils en revien-
„ dront, fi l'on s'y prend comme
„ il faut pour diffiper peu à peu les
„ veines fubtilitez, aux quelles ils
„ fe font laiffez éblouir. „ En un
mot le Souverain doit feconder les
vûes de Dieu, qui *ne veut pas la
mort du Pecheur, mais fa Conver-
fion.* Ce feroit fort mal s'y prendre
pour guerir une Perfonne de l'A-
théïfme que d'employer la voïe
des peines & de la violence.

DISSER-

DISSERTATION

SUR

L'ADULTERE.

Fæcunda culpæ secula nuptias
Primum inquinaverè, & genus & domos:
Hoc fonte derivata clades
In patriam populumque fluxit.
Horace Ode VI. liv. III.

Notre siecle si fecond en vices a premierement corrompu les mariages, les familles, les
maisons, & c'est de nos frequens Adulteres
qu'est sortie cette source de maux qui a inon-
dé notre Patrie, & submergé presque tout le
Peuple.

AVERTISSEMENT.

LA Differtation fuivante a eté écrite en Anglois par un auteur anonime, qui a fait ufage de diverfes lectures, pour en compofer ce petit ouvrage, en raprochant plufieurs beaux endroits des anciens & des modernes. Voyant qu'elle avoit un raport neceffaire avec l'Art de connoître les Femmes, je l'ai traduite, & je la donne au Public, fans avoir en rien alteré l'original. Il me femble que la Lecture ne peut qu'en être agreable à toutes les perfonnes de bon gout. Je plaindrai ceux qui ne feront pas en cela de mon avis.

DISSERTATION

SUR

L'ADULTERE.

1. LEs loix naturelles Ecclesiaſtiques & civiles qui concernent l'Adultere ne ſont pas, à beaucoup près ſi favorables aux Femmes qu'aux hommes. Il eſt par exemple manifeſtement contraire à la loi naturelle qu'une Femme ait commerce avec pluſieurs hommes; au lieu que parmi pluſieurs Peuples & même chez les anciens juifs les hommes pouvoient avoir pluſieurs Femmes en même tems. Mais, ſi d'un coté les loix nous favoriſent un peu, de l'autre, il ſemble que cette douceur ſoit contrebalancée

par

par le dèshonneur que nous rece-
vons des Debauches de nos Epoufes, bien que les plus grands excès
ou nous puiffions nous livrer ne leur
faffent aucun tord. Elles deshonnorent notre front par un commerce illegitime, & nous ne faifons
aucune brêche ni à leur honneur,
ni à leur reputation. Je ne vois
point quelle peut être la raifon de
cette bifarrerie ; mais, puis que
l'ufage le veut ainfi, peut être
nous accuferoit-on d'extravagance,
fi nous voulions moralifer là
deffus. Je remarquerai pourtant que l'antiquité ne decide pas
en faveur de cet ufage. Il paroit
qu'autrefois, on ne le formalifoit
guere de ce que pouvoit faire une
Femme. Les maris d'alors, gens
très endurans & très-pacifiques,
voioient d'un air tranquille leurs
Femmes careffer des Etrangers, &
ils n'y faifoient non plus d'attention que fi elles leur avoient été

abfo-

abſolument indifferentes. C'eſt ce
que nous apprend Juvenal qui dit
que les Femmes de ſon ſiecle ne
redoutoient aucunement la preſence de leurs Epoux, & qu'elles ne
faiſoient pas difficulté, dans les aſſemblées même ou ils ſe trouvoient,
de ſe retirer à l'écart & d'y parler,
la tête élevée, & la gorge decou-
verte, avec des Generaux ou d'autres Officiers d'armée. * Il ajoute
même qu'il connoiſſoit des Maris
aſſez debonnaires, ou peut être aſſez prudens, pour faire ſemblant
de regarder au Plancher, ou de
ronfler à table, tandis qu'on ca-
reſſoit leurs Femmes. †,, Et verita-
,, blement, quelque grand que ſoit
,, le pouvoir des maris ſur leurs
Fem-

---

* *Cumque paludatis Ducibus, praſente marito,*
Ipſa loqui rectâ facie, ſtrictiſque mamillis
Juv. ſat. 6.

† — — — *Doctus ſpectare Lacunar,*
Doctus & ad calicem vigilanti ſtertere naſo.
Juv. ſat. 1.

„ Femmes, ils font très-fagement
„ de n'en point ufer, parceque,
„ par un ufage qui a prevalu, &
„ auquel ils ont eux même prêté
„ la main, ils ne peuvent l'exer-
„ cer que leurs Femmes n'y veuil-
„ lent bien confentir. C'eft jufte-
„ ment une Puiffance précaire tel-
„ le que Tacite appelle la Puiffan-
„ ce des Princes deja vieux, qui
„ ne font les maîtres qu'autant
„ qu'on ne fe foucie point de les
„ maîtrifer, & qui ne peuvent com-
„ mander, qu'autant qu'on ne veut
„ point commander en leur place.
Après tout, Moliere n'a-t'il pas
eu raifon de dire.

> Quel mal cela fait-il? la jambe en devient
>   elle
> Plus tortuë après tout, & la taille moins
>   belle.

> En un mot il n'y a point de ver-
>   tu

V. Les amours d'Horace.

tu plus néceſſaire à un Mari, comme je l'ai remarqué ailleurs, qu'u-
ne entiere indifference ſur la conduite de ſa Femme. " Le ſeul
„ moïen qu'il ait d'etre heureux
„ c'eſt de ne rien voir, ce n'eſt
„ pas le grand jour qui fait la
„ beauté du mariage; il y faut des
„ ombres comme dans la Peinture;
„ il y faut même à proprement
„ parler, une nuit éternelle. "
Peut être ſe reſoudroit-on facilement à prendre ce parti, n'étoit
que la Religion Chrêtienne, a beaucoup *rogné* de nos privileges. A-
vant J. C. la raiſon ſeule ſuffiſoit,
il eſt vrai, pour faire voir à l'homme que le mariage d'un avec une,
eſt infiniment plus honnête & plus
avantageux. Cependant, quoiqu'en put dire la raiſon, la Poly
gamie étoit en uſage. De ſaints
perſonnages, tels qu'un Abraham,
un Jacob, & tant d'autres dont
l'Ecriture fait mention, cou-
choient

choient, sans scrupule avec leurs servantes. Mais depuis l'établisse-ment du Christianisme, tout hom-me qui a commerce, même avec une fille de condition libre ; *sui Juris*, comme parlent les Juris-consultes, est Adultere. J'avoue que le nombre des coupables de l'un & de l'autre Sexe, fait que le crime reste impuni, mais les loix qui statuent certaines peines contre ceux qui le commettent en sont-elles moins justes ? l'im-punité, en nous garantissant d'un opprobre publique, ne nous justifie pas *in foro Conscientiæ*.

II. Aussi les Poëtez les Philoso-phes, les Légilateurs, se font-ils tous declaré contre l'Adultere; en voici des preuves tirées de leurs Ecrits.

1. Bellerophon est loué dans Homere (a) de n'avoir pas voulu con-

(a) Iliade liv. 6. vf. 350.

consentir aux poursuites d'An-
tée.

2. On ne se faisoit point alors
un honneur de souiller le lit de son
Prochain, & même ç'eut été inutilement que les Femmes auroient
fait toutes les avances. La chasteté chez les Anciens, étoit une
vertu si fort en recommendation,
qu'Hippolite a reçu de grandes
louanges pour ce sujet. Medée demande à Jason qui lui avoit fait infidelité, *s'il croit que les Dieux,
n'ont plus de pouvoir, ou s'il s'est
imaginé que les anciennes loix a-
voient changé.* L'Honnête homme,
selon Menandre, ne doit ni corrompre les vierges, ni commettre
Adultere.

3. La Nourice de Phedre fait
ce qu'elle peut pour chasser de
l'Esprit de cette infortunée Prin-
cesse la flamme impure qui la devoroit; & Phedre convient de son
crime.

4. Pytagore recommandoit aux maris de n'avoir commerce qu'avec leurs Femmes ; & ſes exhortations firent tant d'impreſſion ſur les Crotomates, qu'après les avoir entenduës, ils chaſſerent leurs Concubines.

5. Le Divin Platon taxe l'Adultere d'injuſtice, & Ariſtote ſouhaitoit que ceux qui le commettroient fuſſent notez d'infamie. Les Stoïciens & même les Epicuriens defendoient l'Adultere.

6. Seneque prétend qu'on ne doit pas donner de l'argent à un homme, qu'on ſait devoir s'en ſervir pour en faire preſent à une Femme avec que l'on ſait qu'il eſt en mauvais commerce. Il croit de plus que l'obligation de garder la foi conjugale, regarde autant les maris que les Femmes.

7. L'hiſtoire de Lucrece fournit un exemple de l'horreur qu'on avoit de l'Adultere dans ces premiers tem-

tems Après avoir souffert malgré elle, dit-on, la violence de Tarquin, elle envoya chercher son
Mari; il vint & lui demanda comment elle se portoit. Helas! lui repondit elle dolemment, une Femme
qui a perdu sa pudicité peut-elle ê-
tre en bonne santé? Neanmoins
dit là dessus l'Auteur de qui j'emprunte cette morale des Païens *,
elle se trompoit fort de croire que
n'ayant point consenti à cette violence, elle eut cependant commis
quelque faute.

A parler franchement, je serois
très-porté à croire que Lucrece tra-
hit son secret par sa reponse, &
qu'elle n'eut eu garde d'avertir son
mari de ce qui s'etoit passé, si
elle n'avoit jugé à propos de prevenir l'indiscretion de Tarquin, se
doutant bien que ce Prince dont le
carac-

* V. L'histoire de la Philosophie Payenne,
to. 2.

caractere étoit peu different de celui de nos petits maîtres, la dece-
leroit tot ou tard, & qu'elle auroit
alors la honte de voir le Public persuadé que sa pretenduë Chasteté
n'étoit autre chose que l'effet de la
plus fine politique, & d'une hypo-
crisie bien conduite : car la chro-
nique scandaleuse dit que Lucrece
avoit accordé plus d'une fois les
dernieres faveurs à Tarquin. Mais
pourtant, comme je n'ai jamais servi de Mercure à ces deux amans,
ni à d'autres, soit dit par Parcn-
thése, je ne peux dire au juste
si c'est medisance ou calomnie.
Pour en revenir à mon sujet, ceux
même qui ne craignoient pas de
commettre une simple fornication,
se feroient fait un scrupule d'avoir
commerce avec des Femmes mariées. C'est ce qui est arrivé à A-
lexandre le Grand au raport de
Plutarque. " Un soir bien tard on
„ lui amena quelque jeune Garce

pour

, pour coucher avec lui, il lui de-
„ manda pour quelle caufe elle é-
„ toit venue fi tard, elle repondit
„ qu'elle attendoit que fon mari
„ fut couché, & alors il cenfura
„ bien fes gens, pour ce, dit-il,
„ qu'il ne s'en eft gueres fallu que
„ je n'aye commis adultere. „

„ Semblablement, dit ailleurs
„ Plutarque, Alexandre, ne voulut
„ point aller voir la Femme de Da-
„ rius bien que l'on lui dit que c'etoit
„ une fort belle jeune Dame; ains
„ allant vifiter fa mere qui étoit
„ deja vieille, s'abftint de voir
„ l'autre, qui étoit belle & jeune:
„ mais nous jettans les yeux juf-
„ ques aux Littiéres des Femmes
„ & nous pendans à leurs fenê-
„ tres, ne cuidons commettre au-
„ cune faute en laiffant ainfi la cu-
„ riofité gliffer & couler à tout ce
„ qu'elle veut. „

III. Oublierions nous de raporter les beaux fentimens de l'Amou-

 reux

reux *Horace* fur la matiere que nous traitons? gardons nous en bien. Son temoignage a d'autant plus de force, qu'il etoit lui-même dans le cas de l'Adultere, par le commerce un peu trop familier, qu'il entretenoit avec la Femme d'un *Tofcan*. Pour éloigner les honnêtes gens de l'Adultere, il peint avec les couleurs les plus vives les dangers aux quels on s'expofe en vifitant la Femme de fon voifin. Il fait voir toutes les peines, & tous les embarras, ou on fe trouve de tous côtez, & il dit fans détour que les plaifirs qu'on cherche font corrompus par la douleur, & qu'ils font même fort rares. Remarquez bien que cet honnête homme parloit par experience; l'un, dit-il, a été obligé à fe jetter du toit, l'autre a été battu de verges jufqu'à la mort. Celui-ci en fuyant, eft tombé la nuit entre les mains des voleurs, celui là a donné une groffe fomme
d'ar-

d'argent pour se racheter. Plusieurs ont été abandonnez aux plus vils esclaves, & nous en connoissons même que l'on a honteusement & proprement *devirilisez.* Tout le monde dit que c'est à bon droit. Galba seul est d'avis contraire *. Mais faut-il s'en étonner? Le Seigneur Galba compatit charitablement au malheur de ses Confreres. Car étant lui même un Adultere du premier ordre, il ne pouvoit souffrir que ceux qui etoient dans le même cas, fussent traitez si cruellement il prenoit toujours leur parti.

---

* *Audire est opera pretium, procedere recte*
Qui mœchis non vultis, ut omni parte laborent:
Ut que illis multo corrupta dolore voluptas.
Atque hæc rara cadat dura inter sæpè periclis.
Hic se præcipitem tecto dedit: ille flagellis
Ad mortem cæsus: fugiens hic decidit acrem
Prædonum in turbam: dedit hic pro corpore
nummos:
Hunc perminxerunt Calones. Quin etiam illud
Accidit, ut cuidam testes, caudamque salacem
Demeteret ferrum. Jure, omnes, Galba negabat.
Horace Sat. II. Liv. I.

ti. Peut être même que le malheur dont *Horace* parle lui étoit arrivé; Car les maris se vangeoient souvent de cette maniere. *Plaute* fait allufion à cette belle coutume dans la seconde Scene du IV. Acte du *Pœnulus*, ou le valet Synceraftus dit: *Je fais ce que les Adulteres ne font pas d'ordinaire.* Mi. *he quoi?* Syn. *Je raporte mes piéces de menage en bon état.*[*]

Au reste, dit Mr. *Dacier*, si Horace ne detourne de l'Adultere que par la vuë des difficultez qu'on trouve ordinairement dans ces fortes de recherches, ou des dangers dont elles sont toujours accompagnées, ce n'est pas qu'il n'eut de meilleures raisons, & qu'il ne connut que c'étoit un Peché qui attiroit la colere de Dieu, puisqu'il le dit formellement dans ses Odes. Mais

___

[*] *Facio quod manifesto mœchi haud ferme solent. Mi. quid id est? Syn. Refero vafa falva.*

Mais aparemment il croyoit que ces raiſons ne feroient pas beaucoup d'impreſſion ſur les Romains, & que celles-ci les toucheroient d'avantage. Long-tems avant la loi écrite, la loi naturelle avoit donné aux Gentils une grande horreur pour ce Peché. Nous en voyons un Exemple bien remarquable dans l'hiſtoire d'Abraham. Etant allé à Gerare dans l'Arabie Petrée ou regnòit le Roi Abimeleck, il dit que ſa Femme Sara étoit ſa ſœur. Abimeleck envoia prendre Sara ; mais Dieu lui apparut en ſonge & lui dit qu'il étoit mort à cauſe de la Femme d'Abraham qu'il avoit priſe à ſon mari. Abimeleck s'excuſe ſur ſon ignorance, & dit qu'il a fait cette action dans la ſimplicité de ſon cœur & dans la pureté de ſes mains; & le lendemain il fait venir *Abraham*, & lui dit: *Que nous avez-vous fait ? & qu'avions nous fait contre vous, que vous avez voulu*

 atti-

attirer *sur moi*, & *sur mon Royau-me*, *la punition d'un si grand Pe-ché*? On voit par là, ajoute Mr. *Dacier* que si les Gentils regar-doient l'Adultere comme un si grand Peché, qu'ils le punissoient du feu, ils regardoient la simple fornica-tion comme permise. Aussi dans le même livre de la Genese, nous voyons *Juda* se *réunir* sans scru-pule à *Thamar*, qu'il regardoit comme une Courtisanne. Ces sen-timens se sont conservez parmi les Payens C'est celui de *Caton* dans cette Satyre *d'Horace*, & celui de *Micion* dans *Terence* comme l'a re-marqué *Grotius*. La Loi naturelle avoit deja commencé à s'effacer & à se corrompre. Il est vrai qu'il y a eu quelques payens plus sages qui l'avoient conservée, & qui regar-doient la simple fornication com-me un crime, parce qu'elle étoit contraire à l'ordre établi de Dieu. Mais comme ces Payens étoient en

petit

petit nombre, & que le defordre étoit prefque general, il a fallu que la Loi de l'Evangile vint reffuciter, reproduire, recréer la loi naturelle, en defendant la fornication. C'eft pourquoi dans les Actes des Apôtres. XV. les Apôtres & toute l'Eglife écrivent aux Gentils d'Antioche, de Syrie & de Cilicie de s'abftenir entr'autres chofes *de la fornication.*

IV. Certains maris d'autrefois avoient bonne opinion de la vertu de leurs Femmes quand les enfans reffembloient à leurs Peres *Prefomptifs,* & ils prétendoient connoître les veritables Peres à cette reffemblance, jufques-là qu'ils prenoient pour illegitimes ceux qui ne reffembloient point. Et ce fentiment étoit fort ancien, car Hefiode même compte parmi les felicitez des gens des bien que leurs Femmes ont des Enfans qui leur reffemblent. C'eft ce qui a fait dire à *Theocrite* *te* que le cœur de la Femme qui n'aime point son mari vole toujours après son Amant, mais que ses Enfans sont bien aisez à connoître, car ils ne ressemblent jamais au mari. Aussi Catulle souhaite à Manlius que son fils lui ressemble si fort qu'il soit reconnu de tout le monde, & qu'il porte par là sur son visage les marques de la chasteté de sa mere *. De là vint la coutume de certains Peuples dont les Femmes étoient communes, de donner les enfans à ceux à qui ils remarquoient à peu près les mêmes traits. Il y a deja long-tems qu'on a reconnu que ces marques pouvoient être trompeuses, & les Physiciens en donnent de bonnes raisons ; mais je ne sai, dit Mr. *Dacier*, si la condition des Femmes en est aujourd'hui plus heureuse ;

* *Et pudicitiam suæ.*
Matris indicet ore.

se ; car si d'un côté on ne juge pas plus mal d'une Dame lorsque ses enfans ne ressemblent point du tout à son mari, on n'en juge pas mieux aussi quand le contraire arrive. Du tems d'*Auguste*, il se trouva un homme de Province qui ressembloit si parfaitement à cet Empereur qu'il attiroit les yeux de tout le monde, & qu'*Auguste* même voulut le voir. On le lui amena & il fut si frapé de cette ressemblance qu'il lui demanda : *votre mere n'est-elle jamais venue* à Rome. Le Provincial qui sentit bien ce que le Prince vouloit dire, retorque la plaisanterie contre lui, & repondit : *Non*, Seigneur, *mais mon Pere y est venu fort souvent*

V. De ce faux Principe, naissoit la Jalousie, qui pourtant ne fut jamais à beaucoup près si commune dans l'Antiquité, qu'aujourd'hui. Mais ceux qui étoient atteint

teint de cette maladie, prenoient
des précautions incroyables, & extravagantes, pour empêcher que
des étrangers ne liaſſent commerce
avec leurs Femmes. Ils leur don-
noient des Gardes ou des Eſpions;
comme Ovide le reproche * à un
certain *quidam: Cruel mari,* lui
dit-il! *Pourquoi avez vous donné
une Garde à votre* tendre *Epouſe?*
Les Femmes de qualité ne paroiſ-
ſoient dans les ruës que dans des
chaiſes qui étoient proprement ap-
pellées *Lectica,* & qui étoient fer-
mées & vitrées. Cette invention
des chaiſes produiſit bien-tôt celle
des Litiéres, qui ne differoient
des chaiſes qu'en ce que celles-ci
étoient portées par des hommes,
& les Litiéres par des mulets. Ces
Litieres ſont parfaitement décrites
dans une ancienne Epigramme,
qui

* *Dure vir impoſito tenera Cuſtode Puella.* Ovid.
lib. III. *amor.* Eleg. IV.

qui marque auſſi qu'elles ſervoient
à porter les Dames dans les Ruës.
„ Une Litiére dorée & vitrée des
„ deux côtez, enferme les chaſtes
„ Femmes de qualité. Elle eſt ſou-
„ tenuë ſur un brancard par deux
„ mulets qui portent à petits pas
„ cette eſpece de cabinet ſuſpendu.
„ Et la precaution eſt fort bonne,
„ pour empêcher que les Femmes
„ mariées en allant par les Ruës, ne
„ ſoient corrompuës par les hom-
„ mes. * „ Il y avoit auſſi une
chaiſe de Chambre, fermée & vitrée, ou les Dames ſe tenoient.
Elles travailloient dans cette chaiſe, & de là elles parloient à ceux
qui les approchoient. Suetone appelle cette Chaiſe *Lecticulam luca-*
bra-

* *Aurea matronas claudit baſterna pudicas,*
  Quæ radians latum eſtat utrumque latus.
  Hanc geminus portat dupl.i ſub robere burdo
  Provehit & modico pendula ſepta gradu.
  Proviſum eſt cautè ne per loca publica pergens
  Excetur viſis caſta marita viris.

bratoriam, lorfqu'il dit qu'Augute fe mettoit après fouper dans une de ces chaifes pour travailler.
Je conclus de tout cela, que dans
tous les fiecles, il s'eft trouvé des
hommes qui n'ont pas eu fort bonne opinion de la vertu des Femmes. Et, pour en donner une preuve directe, il fuffit de remarquer
que la plupart des Anciens ne cherchoient point d'autre raifon de la
fageffe du Sexe, que l'avarice des
Amans. Car on ne peut pas dire
proprement que la crainte des chatimens rendoit les Femmes Chaftes
avant la loi *Julia*, puisque le mari n'avoit alors le droit de tuer fa
Femme furprife en Adultere, que
quand il la furprenoit avec un Affranchi, avec un Efclave, ou avec
un Comedien. Mais il pouvoit toujours tuer l'Adultere. Il avoit
plus de droit fur l'Amant corrupteur, que fur fa propre Femme.
On n'ignoroit pas alors: combien

Je

le beau Sexe eſt fragile , & avec quelle facilité, il cede aux inſtances d'un homme beau, bien fait & de qualité ; mais il étoit juſte de punir les Femmes que la baſſeſſe animoit, ou qui n'avoient de paſſion que pour des Eſclaves, ou pour ces ſortes de gens vigoureux, & toujours prêts au combat. Nous voyons encore des Dames qui ne cedent en rien à celles dont il eſt parlé dans *Petrone* * qui ſe ſentent portées à aimer des Gladiateurs, des Muletiers couverts de craſſe, & des Baladins reputez infames, pour paroître ſur les Theatres. Tant il eſt vrai qu'il n'y a pas une Femme ſi reſervée qu'elle pût être qui ne fut capable de commettre une infidelité, & de pouſſer ſa paſſion

---

* *Quædam enim fœminæ ſordibus calent; nec libidinem concitant, niſi aut ſervos viderint, aut ſtatores altiùs cinctos. Harena aliquas accendit, aut perſuſus pulvere multo, aut hiſtrio ſcenæ oſtentatione traductus.* Petronius.

V

sion jusqu'au dernier emportement.
Pour prouver ce que j'avance, il
n'est pas besoin des exemples que
fournissent les Tragedies Anciennes, & de ces noms connus dans
les siécles les plus reculez ; mais il
ne faut que raconter l'histoire de la
Matrone d'Ephese.

VI. * Il y avoit une Dame à
Ephese dont la vertu faisoit tant de·
bruit,

---

* *Flavien* au raport de *Jean* de *Sarisberi*, af-
sure que cette histoire est veritable, & que la
veuve qui en est l'heroïne fut punie, *impietatis*
sua, *& sceleris parricidialis*, *& adulterii*, *in con-*
spectu Populi, à la vuë du Peuple d'*Ephese*, ce
sont ses termes. Et il ajoute que S. *Jerome* dit
que *Petrone* n'est pas le seul qui a decrit ainsi
le vrai caractere des Femmes, & montré leurs
foiblesses, *ridendis*, qui meritent de servir de
risée à tout le monde. Enfin, quoiqu'il en
soit, cette histoire étoit fameuse dans l'Antiquité. *Apulée* l'a decrite, mais avec bien moins
d'agrément que *Petrone* qui est tout charmant
dans cette narration. On en en a fait plusieurs
traductions en diverses langues : il s'en voit
même de fort anciennes : entr'autres une en
vers françois qui a 500. ans. Mais il n'y en a
point ou les graces de l'Auteur & la fidelité
soient conservées, à la reserve d'une que Mr.
de St. *Evremond* à faite, qui est assez fidele.

bruit, qu'elle fit naître aux Femmes des Provinces voisines la curiosité de la voir. Son mari étant
mort, elle ne se contenta pas de
suivre la Pompe funebre toute dé-
chevelée suivant la coutume, & de
se fraper le sein à la vuë de tout le
monde, elle voulut encore accompagner le corps jusques dans le
Tombeau, ou on l'enterra à la maniere des *Grecs* & le garder en re-
pendant jour & nuit une grande a-
bondance de l'armes. De sorte que
ses Parens & ses Amis la voyant
outrée d'affliction, & dans le dessein de se laisser mourir de faim,
firent leur possible pour l'en detourner ; mais ils ne purent rien
obtenir, non plus que les Magistrats, qui s'y transporterent pour
le même sujet. Ce rare exemple
d'Amour, parut d'autant plus tou-
chant à tous ceux qui le virent,
qu'il y avoit deja cinq jours que cet-

 te

te Femme n'avoit pris aucune nourriture.

La pauvre affligée avoit auprès
d'elle, une suivante fort affection-
née qui pleuroit par complaifan-
ce, & avoit le foin d'entretenir
la lampe qu'on avoit mife dans le
tombeau, toutes les fois qu'elle
étoit prête à s'éteindre. Cette
nouveauté faifoit le sujet de toutes les converfations de la ville,
& chacun demeuroit d'accord
qu'il ne s'étoit jamais vû de Femme
fi honnête & fi tendre que celle-
là.

Dans ce même tems il arriva
que le Gouverneur de la Province fit pendre deux voleurs proche du tombeau, ou cette Dame
pleuroit la perte qu'elle venoit de
faire de fon mari. Et la nuit d'a-
près cette execution, le Soldat qui
gardoit les croix, afin d'empêcher
que les Parens des pendus ne vin-
fent

sent enlever leurs cadavres pour les
enterrer aiant aperçu à travers l'obscurité une lumiére dans le sepul-
chre, & entendu les soupirs d'une
personne affligée, porté par cet esprit de curiosité qui est naturel aux
hommes, voulut savoir qui c'é-
toit, & ce qu'on faisoit là dedans.
Il y descendit donc, & aiant d'a-
bord envisagé une très-belle Femme, il fut si surpris qu'il crut voir
un Fantome : mais après avoir consideré un corps étendu par terre,
& cette Femme fondante en larmes, le visage dechiré de coups
d'ongles * comprenant aisement
que la cause de cette affliction pro-
venoit

---

* Cette marque d'une extrême affliction,
étoit une coutume que les Femmes observoient
dans ces occasions, pour temoigner l'excès de
leur douleur. Mais la Loi des douze tables abolit cette coutume chez les Romains. Les Femmes s'imaginoient sacrifier aux Manes de leurs
maris par cette effusion de sang. Ce n'est pas
qu'elles fussent meilleures qu'elles le sont aujourd'hui, mais elles gardoient plus d'exterieur,

venoit de la perte de son Epoux
il apporta dans le sepulcre le peu
qu'il avoit pour son souper, & il
exhorta cette belle affligée de ne
point s'abandonner à une douleur
inutile disant qu'il ne lui serviroit
de rien de s'alterer ainsi les pou-
mons à pousser des sanglots, que
la mort étoit commune à tous
les hommes; & que le tombeau
étoit nôtre derniere demeure. Enfin il lui allegua toutes les autres raisons dont on se sert d'ordinaire, pour guerir les Esprits
accablez d'une pareille douleur.
Mais cette Femme qui ne vouloit
recevoir aucune consolation, se
dechira le sein avec encore plus
de fureur qu'elle n'avoit fait : &
s'arrachant les cheveux, elle les
jeta sur le corps qui étoit étendu à
ses pieds.

Toutes ces difficultez ne rebute-
rent point le Soldat : il s'éforça a-
vec des discours, aussi touchans
que

que les premiers de faire prendre
un peu de nourriture à cette pauvre Femme pendant que la suivante qui s'étoit laissé surprendre par
l'odeur agreable du vin, tendit d'a-
bord la main à cet homme aussi
persuasif que charitable; & après
qu'elle eut bû & mangé, elle en-
treprit de forcer l'opiniatreté de sa
Maîtresse *. A quoi vous servira,
lui dit-elle, de vous laisser mourir
de faim, de vous enterrer toute vive, & de vouloir que vôtre Ame
se separe de vôtre corps, avant que
le Ciel l'ait ordonné?

> Tous ces gemissemens ; ces funestes trans-
>   ports
> Ne touchent point la cendre , ou les Manes
>   des morts.

Pre-

* On fait agir ici la suivante pour corrompre la maîtresse , parce qu'une Femme
se laisse aller plus facilement aux persuasions
d'une autre Femme. C'est encore le tableau
Original des mœurs d'aujourd'hui. Les Sui-
vantes font les Conquêtes les plus difficiles.

Pretendez-vous , malgré le def-
tin rendre la vie à ce Cadavre ?
Croiez moi ; defaites-vous de l'erreur de nôtre Sexe, & jouiſſez du
Plaiſir de vivre. Le corps que vous
voyez étendu par Terre, vous fait
connoître que vous ne devez fon-
ger qu'à la conſervation de vos
jours.

Comme il eſt très-rare de reſiſter
à de telles perſuaſions, ſur tout
quand il y va de la vie, cette Dame extenuée par l'abſtinence qu'elle avoit gardée depuis quelques
jours, laiſſa vaincre ſa conſtance,
& elle ſe mit à manger d'auſſi bon
appetit, que ſa ſuivante avoit fait
un peu auparavant. Au reſte, comme vous n'ignorez pas ce qui nous
rente pour l'ordinaire, quand nous
ſommes bien raſſaſiez, je vous dirai que le Soldat attaqua la chaſteté de la Dame , avec les mêmes
agrémens dont il s'étoit ſervi pour
obtenir d'elle la conſervation de ſa
vie.

vie. Cette prude trouvoit que le Jeune homme n'étoit point mal fait & parloit bien. Ajoutez à cela les bons offices de la ſuivante, qui diſoit en ſa faveur à ſa maſtreſſe, pour la faire reſſouvenir des plaiſirs qu'elle avoit pris avec ſon defunt Mari, & la porter à en gouter de ſemblables avec ce nouveau Cham‑pion de *Venus :*

Quoi! vous reſiſterez à des ſoins empreſ‑
ſez?
Ne vous ſouvient‑il plus de vos plaiſirs paſ‑
ſez?

Enfin pour ne pas vous tenir plus long‑tems en ſuſpens, je vous dirai que cette Femme ne garda aucune moderation à l'egard de ce qu'on peut s'imaginer. Car le Sol‑dat devint victorieux de ſes char‑mes ſecrets, ainſi qu'il l'avoit été de ſa bouche. Ils paſſerent donc enſemble, non ſeulement la nuit qui fit cette conquête, mais en‑
V 5 core

core les deux jours suivans, aiant si bien fermé les portes du Tombeau sur eux, que quiconque y fut venu soit de la conuoiflance de la veuve, ou autres, se seroit persuadé que cette vertueuse Femme étoit tombée morte de douleur sur le corps de son Mari. Enfin le Soldat charmé de la beauté de sa maîtresse, & de ce que son bonheur étoit inconnu à tout le monde, employoit le peu d'argent qu'il avoit, pour acheter ce qu'il trouvoit de meilleur, & le portoit dans le sepulcre auffitôt que la nuit étoit venuë.

Cependant les Parens d'un des Pendus s'apercevant que la sentinelle s'étoit relachée de son devoir, enleverent de nuit le corps & l'enterrerent. Mais le Soldat qui s'étoit laiffé surprendre de la sorte pour avoir demeuré trop attaché à son plaisir, voyant le lendemain qu'il manquoit un corps à une des

croix,

croix, craignit le supplice qu'il meritoit, & alla raconter à sa maîtresse ce qui étoit arrivé, disant qu'il ne vouloit pas attendre sa condamnation, & qu'il étoit resolu d'emprunter le secours de son Epée pour punir lui-même sa negligence: qu'elle eut donc à songer à disposer un lieu dans ce fatal tombeau, pour y mettre aussi son corps, afin qu'il put servir à son Mari, & à son Amant tout ensemble.

Cette Femme qui avoit autant de pitié que de pudeur s'ecria: Aux Dieux ne plaise! qu'en un même tems je souffre la perte de deux personnes si cheres, j'aime beaucoup mieux que le mort soit pendu, que de voir pendre le vivant. Dez qu'elle eut prononcé ces paroles, elle fit tirer le corps de son mari du Cercueil, & l'attacher à la même croix ou il en manquoit un. Ainsi le Soldat se servit très-utile-

ment

ment de l'expedient que lui donnoit une Femme fi avifée, & le lendemain le Peuple admira comment il s'étoit pû faire qu'un corps mort fut retourné de lui-même au gibet.

VII. Tout le mal qu'il y a dans l'Adultere, fi nous en voulions croire S. Auguftin, confifte dans *le defir du commerce charnel*: ſur quoi Mr. De Barbeyrac obferve fort judicieufement que le defir de coucher avec une Femme & de ne pas dormir auprès d'elle, ne peut être moralement mauvais que pour deux raifons, ou parce que le defir du commerce d'une Femme eſt mauvais de fa nature, ou par ce qu'il n'y a que certaines Femmes qui foient l'objet legitime de ce defir. ” Si l'on dit le premier, con-
„ tinue-t'il, un mari pechera en
„ defirant d'avoir commerce avec
„ fa propre Femme, & le mariage
„ fera un Etat de peché habituel : fi
l'on

„ l'on se restreint au dernier com-
„ me il le faut necessairement, on
„ doit rendre raison, pourquoi il
„ est permis de satisfaire le *desir*
„ naturel, innocent en lui-même,
„ avec une Epouse, & non pas a-
„ vec la Femme d'autrui. Or c'est
„ surquoi S. Augustin demeure
„ muet. "

VIII. La morale de St. Ambroise
ne paroit pas être des plus severes;
car il s'explique sur l'Adultere de
maniere à le faire regarder comme
n'étant pas toujours un crime. Ce
Pere dit nettement *qu'avant la loi
de Moïse, & celle de l'Evangile
l'Adultere n'étoit point defendu.*
Quand il s'est exprimé de la forte
il vouloit justifier le Commerce
qu'Abraham eut avec Hagar sa servante; & voici ce qu'il dit là dessus. *Considerons premierement
qu'Abraham vivoit & avant Moïse, & avant l'Evangile; auquel
tems l'Adultere ne paroissoit pas*

de

defendu. La peine du crime n'a lieu que depuis la Loi, qui le defend: perſonne ne peut être condamné *comme* criminel *avant la Loi, mais depuis la Loi & en vertu de la Loi. Abraham ne pecha donc point contre la loi, mais il la prevint.* Dieu avoit bien loué le mariage dans le Paradis Terreſtre, *mais il n'avoit pas* condamné l'Adultere. *Car il ne veut point la mort du Pecheur :* & ainſi il *promet les recompenſes, mais il n'exige point la peine. Car il aime mieux engager par la douceur qu'épouvanter par la ſeverité. Vous avez peché, pendant que vous etiez encore Gentil, vous êtes excuſable. Etes vous entré dans l'Egliſe? avez vous entendu la Loi,* Tu ne commettras point d'Adultere? *Vous n'avez plus d'excuſe,* &c. Un peu plus bas, dans le même Chapitre, après avoir raporté l'Allegorie des deux alliances, que
St.

St. Paul dit être reprefentées par les Defcendans d'Ifâc & d'Efau ; nôtre Docteur ajoute, en parlant du commerce d'*Abraham* avec *Hagar* : *ce que* vous croyez être un Peché *vous voyez que c'eſt un* myftere ; *par lequel étoient re-velées les choſes qui devoient ar-river dans les derniers tems* .... *Reconnoiſſons donc, que ces cho-ſes, qui arrivoient en figures aux* Patriarches, n'étoient point cri-minelles en eux *mais elles le ſe-ront* pour nous, *ſi nous ne vou-lons pas prendre garde à ce qui* a eté ecrit pour nôtre correction; &c. "Quiconque fait lire & ne veut „ pas s'aveugler, verra dans ces „ paſſages, que *St. Ambroiſe* re-„ garde comme un veritable A-„ dultere le commerce dont il s'a-„ git, & que cependant il n'y „ trouve aucun crime, parce que „ Dieu n'avoit defendu l'Adultere; „ ni dans le Paradis Terreftre, ni

de-

„ depuis, jufqu'à la loi de *Moife*.
„ Et l'Adultere lui paroit ici d'au-
„ tant plus innocent dans le Pa-
„ triarche, qu'il donne lieu à un
„ *Type* de ce qui devoit arriver
„ fous l'Evangile. * " Auffi ne voit
on pas la moindre trace, ni de la
repentance d'Abraham, ni d'une
marque que Dieu ait desaprouvée
l'action. Neanmoins, dans le même lieu d'ou on a tiré les deux paf-
fages precedens, St. Ambroife ne
paroit pas tout à fait bien d'accord
avec lui-même. Voici ce qu'il dit.
Quoique Pharaon fut d'une Nation feroce & Barbare (c'eft à dire
Egyptien) il fit voir (en parlant
ainfi à Abraham : pourquoi ne
m'avez vous pas dit que Sara eft
vôtre Femme, &c.) *que les E-*
trangers & les Barbares mêmes
refpectent la pudeur & croient de-
voir

---

* Barbeyrac *Traité de la morale des Peres,*
c. XII. n. 10.

voir s'abstenir de l'Adultere . . . .
Et faut-il s'étonner si un Barbare
connoit le droit naturel? Parmi les
Bêtes mêmes, qui ne sont soumises
à aucune Loi, il s'en trouve quel-
ques unes qui non seulement gardent
la fidelité à leurs compagnes, mais
encore qui ne s'accouplent qu'une
fois, comme par chasteté. Desorte
que la Loi de Nature a plus de
force que les Loix écrites , &c.
Mais on conviendra pourtant que
la morale de S. Ambroise est très-
juste, si l'on fait attention que toute la difficulté ne consiste que dans
le terme d'*Adultere,* qui est employé par ce Pere pour signifier 1.
le Commerce d'Abraham avec Hagar, bien que ce ne fut pas un
Adultere avant la loi de Moïse, &
2. pour exprimer un Adultere réel
& proprement dit qui consiste dans
un commerce entre un homme
marié & une Femme qui l'est aussi.
Le mot d'Adultere, pris en ce

X

der.

dernier fens, eft réellement un crime énorme, & reconnu pour tel
dans tous les tems, comme nous
l'avons vû plus haut, en raportant
les fentimens des Poëtes & des
Philofophes Païens fur cette matiere. Mais, pris dans le premier
fens, il eft certain que les hommes
ont pû avoir Commerce avec d'autres perfonnes que leurs Femmes
legitimes, fans bleffer, ni les loix
de la nature, ni les loix Divines.
Il n'eft point néceffaire, pour juftifier l'action d'Abraham, de dire
avec St. Auguftin que *Sara pouvoit
en fe fervant du Droit qu'elle avoit
fur le corps de fon mari, l'engager
à prendre Agar pour Femme; &
qu'elle exigea ainfi de lui ce qu'il
lui devoit*, ufant de fon Droit
dans le ventre d'une autre Femme.
Ailleurs ce Pere fe propofe cette
Queftion: " Si un mari peut fans
„ fe rendre coupable de fornica-
„ tion, prendre, avec la permiffion

„ fion de fa Femme, ou fterile,
„ ou qui ne veut pas lui rendre le
„ devoir Conjugal, une autre
„ Femme qui ne foit ni mariée,
„ ni repudiée de fon Mari?" Je l'ai
deja dit, cela fe pouvoit inno-
cemment avant la Loi de Moife;
mais fous l'Evangile, S. Auguftin
a bien raifon de repondre que non:
Autrement il faudroit, ajoute-t'il,
dire auffi qu'une Femme peut, avec
la permiffion de fon Mari, avoir
Commerce avec un autre homme;
ce qui eft contraire au fentiment de
tout le monde.

IX. En effet, l'Amour propre,
la bonne Politique, les premiers
principes de la Religion; en un
mot toutes fortes de raifons con-
courent à faire regarder l'Adultere
commis par une Femme, comme
un des plus grands crimes Tous
les Peuples en ont eu horreur. Les
Lacedemoniens ne crurent pas devoir faire une loi contre ce crime,

 par-

parce qu'ils ne pouvoient se figu-
rer qu'on dut le commettre. Dans
presque tous les autres Païs, il y
avoit des loix qui punissoient très-
rigouteusement ceux qui ne respec-
toient point la Couche nuptiale.
On donnoit mille coups de verges
à celui qui étoit coupable, & on
coupoit le nez à la Femme. Dra-
con les condamnoit à mort, aussi
bien que la Loi Julienne chez
les Romains. Il est bien vrai qu'on
n'y regardoit pas de fort près, &
qu'on n'observoit pas cette Loi à
la rigueur. Mais du moins on en
peut conclure qu'aiant été publi-
ée par un Empereur qui faisoit
metier du crime qu'il defendoit
par sa loi, ou en peut conclure,
dis-je, que ce Prince impudique,
n'avoit pû encore étouffer les semences de la vertu, ni les remords de sa conscience, qui lui
faisoient sentir l'énormité du crime

me qu'il commettoit en raviſſant la Femme d'autrui.

X. Avant la loi *Julia de Adul-teriis* , on avoit vû à Rome des maris tranſporter à d'autres le Droit qu'ils avoient ſur leurs Femmes. Je me contenterai de citer l'exemple du plus ſage de tous les hommes ; je veux dire du vertueux Caton.

* Le fameux Orateur, Hortenſius fut le trouver un jour pour le prier de lui remettre Porcie ſa fille, qui étoit mariée à Bibulus, dont elle avoit eu deux enfans. " Je vous
„ la demande, lui dit-il, comme
„ une terre fertile & de bon rap-
„ port, ou je puiſſe ſemer des en-
„ fans. Ma propoſition vous pa-
„ roit, ſans doute, étrange : mais
„ vous , qui penſez ſi ſaiuement
„ de toutes choſes, vous vous a-

per-

* Plutarch. *in Cat. Utic.* V. auſſi les am. d'Hor.

„ percevrez bientot qu'il n'est rien
„ de plus beau & de plus utile que
„ de ne pas laisser en friche le
„ champ fecond d'une jeune Fem-
„ me, qui peut donner des sujets à
„ la Republique; & de ne point
„ permettre d'autre côté qu'elle
„ accable de trop d'enfans, une
„ maison dont les revenus suffi-
„ roient peut être à peine à sa trop
„ grande fecondité. Sans compter,
„ ajouta-t'il, que cette communi-
„ cation mutuelle des Femmes en-
„ tre les honnêtes gens, fait cir-
„ culer la vertu, & la repand
„ dans un plus grand nombre de
„ familles, & forme en même
„ tems beaucoup plus d'alliances
„ parmi des Citoïens qui ne sau-
„ roient tenir par trop de Liens les
„ uns aux autres.

„ Je crains à la verité, conti-
„ nua Hortensius, que Bibulus,
„ charmé de Porcie, n'ait de la
„ peine à s'en dessaisir entierement.
Mais

„ Mais je ne la demande qu'en for-
„ me de Prêt ; j'ai deſſein de la
„ lui rendre, après m'en être ſervi,
„ & en avoir eu des enfans, qui
„ reſſerrent plus que jamais les
„ nœuds qu'un agreable commer-
„ ce d'Amitié a deja formés depuis
„ long-tems entre vous, Bibulus
„ & moi. ”

* L'hiſtoire ne dit point ce qui empêcha ce marché. Elle nous apprend ſeulement, que Caton ne trouva pas à propos d'en parler aux parties interreſſées. Peut-être apprehenda-t'il d'allarmer la juſte delicateſſe de Bibulus ; peut-être craignit-il encore plus d'offenſer la vertu de Porcie, une des Femmes de Rome qui avoit l'eſprit le mieux fait, & l'Ame la plus noble. C'eſt celle-là même qui aiant appris que Brutus, qu'elle avoit épouſé en ſecondes nôces, s'étoit tué, ſe fit mou-

____

* Amours d'Hor. p. 274.

mourir en avalant des Charbons
ardens.

Mais, continue l'Auteur des A-
mours d'Horace, il importoit peu à
Hortensius, que Caton lui refusât
sa Demande; ce n'etoit qu'une feinte de cet Orateur. Il savoit trop
bien les soupplesses & pour ainsi
dire les souterrains de son Art,
pour devoiler du premier coup son
dessein: il y alloit par un chemin
detourné, & comme ces gens qui
en font aux mains, il menaçoit
son Ennemi d'un côté, pour le
frapper plus surement d'un autre.
Hortensius n'en vouloit qu'à Marcia, la propre Femme de Caton.

Il avoit deja ébranlé ce grand
homme par son éloquence; il avoit
eu le secret de balancer dans son
cœur la tendresse Paternelle; il se
promit de faire taire en lui l'Amour
conjugal. Il y réussit. Marcia étoit
telle que la souhaitoit Hortensius,

ç'est

c’eſt à dire fort jeune ; & ce fut cela même qui fit penſer à Caton, que, pour le bien de la Patrie, elle feroit mieux entre les mains de ſon vigoureux ami qu’entre les ſiennes. D’ailleurs, il avoit deja autant d’enfans qu’il convenoit d’en avoir à un homme dont les Richeſſes n’égaloient pas le merite.

Ainſi l’affaire fut concluë, à condition neanmoins que Martius, Pere de la Dame voudroit bien y conſentir. Martius apparemment étoit auſſi un homme d’une vertu Antique, & fort au deſſus des Prejugez vulgaires. Il donna les mains à tout ce qu’on voulut. Auſſitôt Marcia, quoiqu’aimée de ſon mari (du moins, ajoute l’Auteur que je copie en cet endroit, ſa groſſeſſe temoignoit qu’elle n’étoit point trop mal avec lui) paſſa au pouvoir d’Hortenſius qui ne tarda pas à eſſayer, ſi elle feroit bien

 porpre à donner de petits Orateurs à la Republique.

Lorſque Marcia en fut veuve & heritiere tout enſemble, elle retourna chez Caton. Lucain ſuppoſe qu'elle le ſupplia très-humblement de la reprendre, & voici à peu près les diſcours qu'il lui fait tenir. " Je ne ſuis plus en âge „ d'avoir des enfans; je ne vous „ demande que de reconnoître les „ nœuds ſacrez qui me lient à vous. „ Accordez moi une faveur; daignez m'appeller encore vôtre „ Femme; je n'en veux que le ti„ tre, & je conſens de n'en faire „ auprès de vous les fonctions que „ pour vous conſoler dans vos diſ„ graces, en partageant avec vous „ tous les embarras, & toutes les „ fatigues que vous éprouvez dans ', la malheureuſe ſituation des af„ faires de la Patrie. "

Caton attendri à ces paroles, rentra en communauté avec Marcia,

cia, hormis en une chofe qui ne fe dit point; mais dont il y a bien de l'apparence qu'il fe difpenfa, moins par fcrupule, que parce qu'il n'y étoit plus propre. Marcia de fon côté, ajoute Lucain, ne l'embraffa que comme une mere fon Enfant, & elle garda toujours fes habits de veuve.

„ Voilà pourtant, conclud l'Au-
„ teur des Amours d'Horace, voi-
„ là un des plus grands hommes
„ qui ayent jamais été, le voilà
„ qui partage fa couche nuptiale
„ avec un autre." Cependant le Divin Caton avoit tant d'éloignement pour l'Adultere, que voiant un homme de qualité fortir d'un vilain lieu, il lui dit: *cela eft fort bien, mon cher, continuez; c'eft là qu'il faut aller quand vous fentez les feux de l'Amour, au lieu de vous amufer à corrompre la Femme, de vôtre prochain.*

Stra-

Strabon * pretend que c'étoit autrefois l'ufage des Tapyres, Peuples voifins des Parthes, & même des Romains. Plutarque dans *le Paralele de Lycurgue & de Numa Pompilius* , foutient que l'un & l'autre de ces grands Legiflateurs permirent aux Maris de prêter leurs Femmes à leurs voifins. Franche-ment cet ufage eft encore fort à la mode : & St. Auguftin tout faint qu'on le fait, n'a pas crû que cela fut fi condamnable, puis qu'il fuppofe † *qu'il peut y avoir des cas ou une Femme même femble devoir fe prêter à un autre, pour fon mari du confentement de celui-ci.* Là deffus, il raporte l'hiftoire fuivan-te , qu'on dit être arrivée à An-tioche , fous l'Empire de Conftan-ce. " Acindymus, dit il, Gouver-,, neur alors de cette ville, & de-,, puis Conful, voiant qu'un homme

* Lib. XI. p. 355.
† *De ferm. Dom. in monte* l. 1. c. 16. n. 49.

„ me qui devoit au fifc une livre
„ d'or, ne payoit point, & irrité
„ contre lui, je ne fai pourquoi
„ (malheur auquel on eſt fouvent
„ expoſé de la part de ces Puiſſan-
„ ces, à qui il eſt permis de faire
„ ce qu'il leur plait, ou plutot à
„ qui on le croit permis) menaça
„ cet homme avec ferment & d'u-
„ ne maniere très poſitive de le
„ faire mourir, s'il ne s'acquitoit
„ pas dans un certain jour qu'il lui
„ marquoit. Cependant il le tenoit
„ gardé étroitement en priſon, &
„ le jour fatal approchoit, fans
„ que le debiteur trouva aucun
„ moien de fatisfaire Acindyuus.
„ Ce pauvre homme avoit une Fem-
„ me très-belle, mais qui n'avoit
„ point d'argent, pour tirer ſon Mari
„ d'affaires. Un homme riche qui
„ étoit amoureux d'elle, ſachant
„ l'embarras où ſe trouvoit ſon
„ mari, lui offrit la livre d'or, à
„ condition qu'elle paſſeroit une
nuit

„ nuit auprès de lui. Comme elle
„ favoit que *fon corps n'étoit pas*
„ *en fa puiſſance, mais en celle de*
„ *fon mari*; ella alla le trouver en
„ priſon & lui communiqua les
„ offres qu'on lui faiſoit, déclarant
„ qu'elle étoit toute prête d'y
„ confentir pour l'Amour d'un
„ mari, ſi lui, qui étoit maître
„ du corps de ſa Femme, & à qui
„ toute ſa chaſteté appartenoit,
„ vouloit en diſpoſer ainſi, com-
„ me de ſon bien, pour fauver ſa
„ propre vie. Le Mari l'en remer-
„ cia, & lui ordonna d'accepter
„ le parti, dans la penſée qu'il n'y
„ auroit point là d'Adultere, par-
„ ce que la Femme ne s'y portoit
„ point par Debauche, mais par
„ l'effet d'un grand amour pour
„ lui, ſon Mari, du conſentement
„ & par l'ordre de qui elle le fai-
„ ſoit. La Femme alla donc trou-
„ ver le Galant à une maiſon de
„ Campagne ou il étoit, & fit

tout

„ tout ce qu'il voulut, prêtant
„ neanmoins par là son corps à
„ son seul mari, qui alors souhai-
„ toit de vivre, & non pas qu'elle
„ lui rendit le devoir Conjugal à
„ l'ordinaire. Elle reçut l'or qu'on
„ lui avoit promis en payement:
„ mais le brutal, qui le lui avoit
„ donné, le lui ôta adroitement,
„ en trouvant moïen de mettre à
„ la place une bourse toute sembla-
„ ble, ou il n'y avoit que de la
„ terre. La Femme de retour chez
„ elle, s'étant appercuë de la
„ tromperie, divulgua aussitôt l'af-
„ faire: la même tendresse pour
„ son mari, qui l'avoit fait resou-
„ dre à une telle complaisance,
„ l'obligea à se plaindre publique-
„ ment. Elle s'en alla trouver le
„ Gouverneur, lui raconta tout,
„ & lui representa comment on
„ l'avoit trompée. Le Gouverneur
„ se declara d'abord lui même cou-
„ pable, d'avoir été cause, par ses

ri-

,, rigueurs & ſes menaces, que le
,, Mari & la Femme en étoient
,, venus à une telle extremité, &
,, prononçant de deſſus ſon Tribu-
,, nal, comme s'il ſe fut agi d'une
,, autre perſonne, il condamna
,, Acindynus à payer au fiſc la li-
,, vre d'or. Puis il adjugea à la
,, Femme le bien de Campagne
,, d'ou avoit été priſe la Terre
,, qu'on lui avoit miſe en place de
,, l'or. Pour moi, dit S. Auguſtin,
,, je ne decide rien ſur ce cas, ni
,, pour, ni contre: chacun en pen-
,, ſera ce qu'il voudra. Car l'hiſ-
,, toire n'eſt pas tirée de l'Ecritu-
,, re Sainte. Je puis dire néaumoins,
,, qu'à conſiderer le fait avec tou-
,, tes ſes circonſtances, le com-
,, merce charnel auquel cette Fem-
,, me ſe livra, par ordre de ſon
,, mari, ne repugne pas au ſenti-
,, ment commun des hommes. "
Pour moi, je ſuis plus deciſif que
ce Docteur, & je ne craindrai
point

point de dire que ce Commerce
Charnel, étoit un pur Adultere.
Car quand L'Apotre a dit que le
Corps de la Femme eſt en la puiſ-
ſance de ſon mari, il n'a point prétendu qu'un homme put diſpoſer
du corps de ſa Femme en faveur
d'un autre : il en eſt le maître,
mais ce n'eſt que pour ſon propre
uſage. Il en eſt de même de *Caton*
d'*Utique* ; car bien qu'il n'ait pas
vêcu ſous l'Evangile, il étoit neam-
moins coupable & on ne peut diſ-
culper Marcia d'Adultere, non
plus que l'Orateur Hortenſius, parce que ces trois perſonnes agirent
contre la Loi naturelle & les Lumieres de la raiſon. Auſſi voïons
nous, que des Peuples qui n'a-
voient pas la moindre connoiſſance
du vrai Dieu, ne laiſſoient point
l'Adultere impuni. Je dis plus :
c'eſt un crime ſi infame, & ſi contraire à la raiſon, & à l'honnêteté
naturelle, que des Nations Athées

en ont reconnu toute l'horreur.
J'en donnerai pour preuve, un trait
que j'ai lû, il y a quelques jours,
dans la 4. *Denonciation du Peché
Philofophique* : Mr. Arnauld qui
eft l'Auteur de cet ouvrage, parle
ainfi : " Tous les habitans des An-
„ tilles étoient Athées, avant
„ qu'elles euffent été découvertes
„ par les Chrêtiens . . . . . . Ce-
„ pendant on n'ignoroit pas dans
„ ces Ifles que l'Adultere ne fut u-
„ ne mechante action. Car un des
„ Auteurs qui nous ont donné
„ l'hiftoire de ce Païs là raporte
„ qu'un de ces Infulaires aiant tué
„ fa Femme parce qu'il avoit dé-
„ couvert qu'elle s'abandonnoit à
„ un autre, vint trouver fon beau
„ pere & lui dit : j'ai tué ta fille,
„ parce qu'elle m'étoit infidelle,
„ à quoi le beau Pere repondit :
„ Tu as bien fait : mais fa jeune
„ foeur eft plus belle qu'elle, je te
„ la donne fi tu veux. "

XI,

XI. Mais, il faut avouer que quoique l'Adultere fut puni par autorité publique, chez les Nations Civilisées, les peines statuées contre ce desordre, n'étoient pas uniformes. Dans certains païs, la rigueur étoit poussée à l'excès, dans d'autres, la punition étoit comique; & enfin ailleurs, elle étoit tout à fait douce.

XII. A Rome, par exemple, on a vû pendant un certain tems que les Femmes qui avouoient de plein gré leurs debauches aux Ediles n'étoient plus sujettes aux chatimens. Cette loi fut d'abord établie pour les Femmes du menu Peuple, qu'on croyoit seules capables d'un Libertinage si honteux; le Senat s'etant contenté, comme nous l'apprend Tacite * de defendre à celles de qui l'Ayeul, le Pere, ou le Mari avoient été Chevaliers

* Tacit. Annal. Lib. 2. 85.

Y 2

liers Romains, de faire l'indigne metier de Courtisanne. On a vû aussi dans la même ville que les Femmes surprises en flagrant délit étoient condamnées à se tenir dans une petite Chambre, & à s'y livrer, sans scrupule, & sans façon à tout venant. Ce qui pouvoit plutôt s'appeller une grace qu'un chatiment, n'eut été que ceux qui les alloient voir devoient se charger de Clochettes, afin que par leur son tout le monde put s'apercevoir du chatiment qu'ils exerçoient sur ces Femmes, dans le tems même qu'ils y procedoient avec le plus de violence & de fureur. Cette loi subsista à Rome jusqu'au tems de l'Empereur Theodose qui l'abolit *. Dans la suite, on s'ivisa de punir plus rigoureusement ceux qui se trouvoient coupables d'Adultere. On les condamnoit à la mort & au

ban-

* V. Les Amours d'Horace.

niſſement dans quelque iſle deſer-
te; au fouet & à être faits Eunu-
ques. *Lucien* dans la mott de Pe-
regrinus dit que ce Philoſophe aiant
été ſupris en Adultere, fut contraint de ſe jetter du haut en bas
d'une maiſon, avec une rave dans
le derriere, après avoir été bien
frotté. Il arrivoit auſſi de tems en
tems qu'on expoſoit les hommes à
la fureur d'un Taureau qui les de-
chiroit avec ſes cornes, & c'eſt
ainſi qu'on les puniſſoit pour en
avoir fait naître de metaphori-
ques.

De plus : Les loix déclaroient
les Adulteres infames, & incapables de pouvoir rendre aucun té-
moignage en juſtice. Celles d'Athenes permettoient au Pere de la
Femme, au mari & même au frere de tuer impunément un homme
ſurpris en Adultere. Nous avons
ſur cela un diſcours fort Eloquent
de Lyſias, que le Lecteur peut

 lire

lire s'il lui en prend envie.

XIII. Quoique la pluralité des Femmes fut en ufage parmi les *Parthes*, *Juftin* nous apprend que ces Peuples puniſſoient l'Adultere plus rigoureuſement que tous les autres crimes *.

XIV. Chez les Lombards, il y avoit une loi qui permettoit expreſ-fement au Mari de tuer ſa Femme, & celui qu'il ſurprendroit en Adul-tere. Et Luitprand qui regna ſur ces peuples, ſtatua qu'une Femme priſe ſur le fait ſeroit raſée, & enſuite fouettée dans les Ruës.

XV. Chez les Saxons, avant qu'ils euſſent embraſſé l'Evangile, une fille, ou une Femme, mariée qui auroit eu commerce criminel, avec un homme devoit être étrau-glée & brulée, & on pendoit ſur ſon

---

* *Uxores dulcedine varia libidinis finguli plures habent; nec ulla delicta adulterio gravius vindi-cant. Juftin. hifter. l. 41. c. 3.*

ſon tombeau celui qui l'avoit corrompuë. Quelquefois on ſe contentoit de la fouetter d'importance
de ville en ville, juſqu'à ce qu'elle
mourut ſous les coups.

XVI. Dans une certaine ville de
Grece dont j'ai oublié le nom, ſi
je l'ai ſçu autrefois, on mettoit u-
ne Couronne de Laine ſur la tête
d'un homme Convaincu d'Adultere. On le condamnoit auſſi à une
Amende pecuniaire, & on le de-
claroit incapable d'exercer jamais
aucun Emploi. Les Égyptiens a-
voient une loi qui condamnoit un
Adultere à mille coups de verges,
& la Femme à avoir le nez coupé,
apparemment pour la rendre ſi di-
forme que perſonne n'eut plus envie de coucher avec elle.

XVII. Chez les Juifs, ce crime
ſentoit tellement les fagots qu'il
conduiſoit droit au feu, les Femmes
qui en étoient convaincuës. Après
que Moïſe eut donné ſa loi, on ſe

contenta de les Lapider, felon l'ordre de Dieu : C'étoit leur faire beaucoup de Grace !

XVIII. Comme l'Adultere étoit puni de mort chez la plupart des anciens Peuples, les Femmes payoient leurs Amans pour les engager au fecret. C'eft ce qui a fait dire à Petrone :

> ‒ ‒ ‒ ‒ Un feducteur de Femmes mariées.
> Trouve fa recompenfe & fes nuits font payées *.

Cette loi eft encore en ufage chez les peuples les moins corrompus, comme en Allemagne. Il y a, dit-on, des lieux en Hollande, ou l'on a changé la rigueur de cette loi, en peine pecuniaire affez plaifemment ; car le Mari paye une Amende de 300. fl. quand la

Fem-

* *Et qui folicitat nuptas, ad præmia peccat.* Petronius.

Femme eſt convaincuë de ce crime.

XIX. Mais dans la Germanie,
ou la Chaſteté, au raport de Tacite, n'étoit point corrompue, par
les feſtins, les aſſemblées, ni les
Spectacles, on n'y donnoit, & on
n'y recevoit point de Poulets. Deſorte qu'il y avoit peu d'Adulteres
dans un ſi grand Peuple, & quand
il s'en trouve, ajoute-t'il, on en
fait ſur le champ la punition. "Le
,, Mari raſe ſa Femme, & l'ayant
,, depouillée en preſence de ſes Pa-
,, rens, la chaſſe de chez lui à
,, coups de bâtons, & la promene
,, de la ſorte par le village. Il ne
,, faut pas après qu'elle attende de
,, pardon, ni d'excuſe. Ni ſon age,
,, ni ſes richeſſes, ni ſa beauté ne
,, lui trouveroient point un autre
,, Mari. Car on ne rit point là des
,, vices, & l'on ne dit point que
,, la galanterie eſt à la mode. Ils
,, font encore mieux en quelques

„ Provinces, continuë le même
„ Auteur, car on n'y foufre pas
„ même de fecondes nôces, & u-
„ ne Femme prend un Mari, com-
„ me on prend un corps & un a-
„ me. Elle n'étend point au delà
„ fes penfées, ni fes efperances. ”
Le même auteur nous apprend
qu'*Emilia lipida* étant acculée
d'Adultere fut condamnée à l'interdiction de l'eau & du feu qui étoit
une efpece d'exil. Et il nous dit encore qu'Augufte donnoit aux A-
dulteres des Princeffes le nom de
crime de Leze Majefté.

XX. Jean Van Neck nous apprend dans une de fes Relations,
que l'Adultere eft puni de mort à
Patane, & dans les autres Païs
voifins, principalement parmi les
Nobles, & les Officiers de la Couronne. Le Pere du criminel, ou fi
le Pere eft mort, le plus proche
de fes parens, eft obligé de faire
l'éxecution; mais le coupable choi-
fit

fit le genre de fupplice dont il veut mourir.

XXI. A Madagafcar, celles qui font convaincuës d'infidelité envers leurs maris, font punies, de mort. Une Femme convaincuë d'Adultere dans le Royaume de Lao perd la Liberté pour l'expiation de fon crime, & devient Efclave de fon mari, qui en ufe envers elle comme il lui plait. Il peut même, conformement aux Loix, pour fe vanger de l'injure qu'il en a recuë, la condamner à une amande pecuniaire.

XXII. La punition d'une Adultere eft douce chez les Guinois. Si elle ne veut être chaffée, elle paye pour amande à fon Mari quelques onces d'or. Mais chez les Orientaux de Bengale, & chez les Mexicains, on coupe le nez & les oreilles aux Femmes. Divers autres Peuples Barbares les puniffent de mort.

XXIII.

XXIII. Les Peguans font fi rigoureux en ces rencontres, & ont
tant d'horreur de ce crime, que
chez eux les Adlteres font enterrez
vifs, hommes & Femmes. Les
Caraiqes ne connoiffoient point ce
peché avant leur communication
avec les Chrêtiens, mais aujour-
d'hui, fi le Mari furprend fa Femme s'abandonnaut à quelqu'autre
homme, ou que d'ailleurs il en ait
une connoiffance affurée; il s'en
fait lui-même la juftice, & ne lui
pardonne guere; mais il la tue
quelquefois d'un coup de bâton,
quelquefois en lui fendant le ventre du haut en bas avec un rafoir,
ou une dent d'agouti, qui ne tran-
che guere moins fubtilement. Cette execution étant faite, le Mari
va trouver-fon Beau-pere & lui dit
froidement: *j'ai tué ta fille parce
qu'elle ne m'avoit pas été fidèle.* Le
Pere l'en loüe, & lui en fait bon
gré.

XXIV.

XXIV. Les Caffres ne font pas
fi feveres, on fe contente-d'infli-
ger chez eux la peine du fouet aux
Adulteres. Voilà des Exemples qui
devroient faire trembler les Chré-
tiens, car fi les Tribunaux Civils
ne puniffent pas les Adulteres auffi
feverement qu'ils le meritent, &
qu'ils n'en faffent pas des recherches auffi exactes qu'ils femblent y
être obligez, Ceux qui fe fouil-
lent de ce crime en feront punis
plus rigoureufement par la Juftice
de Dieu, à laquelle ils ne pourront
échaper.

F I N.

AVERTISSEMENT

Sur l'Epitre Dedicatoire.

J'Ai été fort surpris de voir que les Auteurs des Lettres serieuses & badines, aient eû l'impudence de dire que mon ouvrage seroit commentaire à la Puttana errante de Venerio, & aux Raggionamenti d'Aretino. Je puis dire que ma conduite ne peut me faire soupçonner d'une pareille infamie. Quoique je n'ai point mis mon nom au frontispice de ce Livre, je ne veux point être inconnu. On ne me reprochera jamais d'avoir monté le Theatre ou fait quelqu'autre bassesse de cette nature. Ainsi, je n'ai pû digérer l'affront que ces Messieurs m'ont fait. Je ne les tiens pas quittes de cette sottise pour l'Epitre Dedicatoire. Je leur prepare encore quelqu'autre chose, ou ils verront qu'ils ont eu tord d'avancer qu'ils sont les seuls qui puissent écrire d'un stile badin & ironique. Ce seroit un desordre dans la societé s'il étoit permis à un Octave de Comedie & à ses Confrere de dechirer les honnêtes gens mal à propos. Je m'abaisserai jusqu'à eux toutes les fois qu'il m'en donneront le sujet.

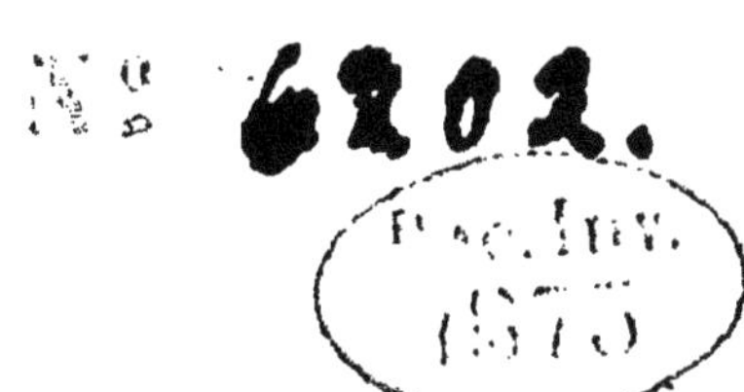
INVRE 1856.

N° 6202.

Bib. Imp.
1875

www.ingramcontent.com/pod-product-compliance
Ingram Content Group UK Ltd.
Pitfield, Milton Keynes, MK11 3LW, UK
UKHW021504090726
13657UKWH00001B/25